KB271912

저는 2천만 원으로 시작해 5년 만에 85개의 프랜차이즈를 운영하는 92년생입니다

프랜차이즈를
운영하는
92년생입니다

저는 2천만 원으로 시작해 5년 만에 85개의 프랜차이즈를 운영하는 92년생입니다

'24살 시작한 장사로 외식 프랜차이즈 대표가 되기까지'

깡대표(강규원) 지음

모티브

생존으로 증명하는 자영업자의
10년을 담다

1992년생인 나는 IMF 한가운데서 자랐다. 그리고 돈이 없으면 사람이 얼마나 작아지는지를 너무 이르게 알아버렸다.

15살, 친구들이 PC방에서 게임하고 있을 시간에 주말마다 예식장에서 서빙을 했다. 17살, 고등학생이 된 후엔 공사장 일용직, 도살장 보조, 주방 뒷정리까지 돈이 되는 일은 뭐든지 했다. 또 그렇게 직접 번 돈으로 원하는 것들을 살 수 있다는 게 좋았다. 하지만 곧 깨달았다. '돈이 없으면 아무것도 할 수 없다.'라는 걸.

전문대를 졸업했지만, 운 좋게 대기업 공채에 합격했다. 나는 누구보다 성실했고, 책임감도 강했다. 퇴근을 내 윗사람보다 먼저 해본 적이 없었다. 동기들 일도 도맡아 했지만, 진급 시즌에 좋은 결과를 얻지 못했다. 그러다 문득 '만년 대리님'이 내 눈에 들어왔다. 그도 나처럼 학벌이 좋지 않았다. 그제야 비로소 '우리나라 직장에서는 아직 열심히보다는 스펙이 중요하구나.'를 실감했다.

그 순간, 내가 일하는 만큼 돈을 벌고 싶었던 나는 결심했다. '남이 정한 기준 아래에서 평생을 보내느니 차라리 내 길을 선택하자.' 그래서 퇴사를 했다. 당시에 내가 가진 건 2,000만 원과 죽기 살기로 부딪혀보겠다는 배짱, 그리고 24살의 건강한 몸뿐이었다.

첫 창업은 군산의 작은 닭갈비 가게였다. 브랜드도 없었고, 시스템도 없었다. 그 상태로 매장을 열고나서야 알게 되었다. 장사는 단순히 요리해서 파는 일이 아님을. 손님의 눈길을 끌고, 발길을 멈추게 하고, 다시 오게 만들어야 했다. 레시피, 마케팅, 동선, 회전율, 원가율, 직원 관리 등 하나라도 놓치면 무너지는 게 자영업의 현실이었다.

이에 따라 나는 매일 가게 문을 열었고, 매일 실패했고, 매일 배웠다. 절실했기에 현장에 있는 모든 걸 내 피와 살로 만들었다. 그 과정에서 직영 매장 4개와 다수의 브랜드를 탄생시켰고, 현재는 '1992덮밥&짜글이'를 포함해 85개 이상의 가맹점을 운영하고 있다. 이 밖에도 프랜차이즈 본사를 운영하며, 유튜브를 통해 실전 장사 이야기를 전하고 있다. 동시에 현장에서 메뉴를 개발하고, 가맹 상담을 진행하며, 컨설팅과 강연 활동을 병행 중이다.

이렇듯 내가 현장을 떠나지 않는 이유는 딱 하나다. 결국 '본질'의 중요성을 잘 알고 있어서다. 이 책은 그런 나의 10년 실전 기록이다. 그렇다고 성공을 자랑하려는 건 아니다. 그저 교과서 같은 내용은 다 버리고, 실제 이야기를 쓰고 싶었다. 따라서 "어떻게 하면 망하지 않고 버틸 수 있을까?", "지금 장사하고 있는 이 방법이 맞는 걸까?", "매출을 올리기 위한 마케팅은 무엇부터 시작해야 할까?", "현장에서 진짜 장사를 하는 사람은 어떤 생각과 시스템으로 움직이는가?"와 같은 현장에서 부딪혀온 모든 질문과 해답을 담으려 노력했다.

나는 장사가 단순히 '음식 잘 만드는 사람'의 영역이 아니라, 기획력, 브랜딩, 마케팅, 타이밍, 사람의 심리를 읽는 능력을 총동원시켜야 하는 '복합적인 유기체'라는 걸 뼈저리게 느끼며 살았다. 점차 시간이 흐르면서 그 속에서 터득한 찐 노하우를 나누고 싶은 마음이 생겼다. 그런 의미에서 이 책은 단순한 성공담이 아니다. 그보다 현장에서 부딪힌 진짜 이야기, 망하지 않기 위해 버텨야 했던 전략들, 매출을 올리기 위한 실행법, 그리고 무엇보다 '자영업자의 삶'이 담긴 생존 노트에 가깝다.

나는 학벌이 뛰어나지도 않고, 처음부터 잘난 사람도 아니었다. 하지만 분명히 말할 수 있다. 나는 살아남았고, 결국 나만의 길을 만들었으며, 지금도 더 큰 목표를 향해 달려가고 있다. 그렇기에 지금 막 시작을 고민하는 사람, 혹은 반복되는 매출 부진과 한계 속에 지쳐 있는 누군가에게 이 책이 단 한 줄이라도 도움이 되기를 바란다. 설

령 장사를 하지 않더라도, 인생에 대한 태도나 무언가에 도전하고 싶
지만 막연한 두려움 때문에 주저하는 이들이 내 솔직한 성장 스토리
를 읽고, 망설임 대신 용기를 장착한 뒤 도전하며 증명하는 삶을 살
았으면 한다.

깡대표 **강규원**

Contents

창업의 첫 걸음

1

결핍이 불러온 열정

15살, 아르바이트를 시작하다

나는 5살까지 할머니 손에서 자랐다. 규모가 큰 장난감 가게를 운영하느라 부모님이 늘 바빴기 때문이다. 그래도 덕분에 고가 장난감인 레고를 마음껏 가지고 놀 수 있을 만큼 부족함 없는 환경을 누렸다.

하지만 1997년, 외환 위기가 불어닥친 이후 사정은 급격히 달라졌다. 부모님 사업이 실패하면서 수도권에서 지방으로 이사를 했고, 엎친 데 덮친 격으로 사기까지 당해 집안 형편이 급격히 기운 것이다. 이에 내게 허락된 용돈이 없어 중학생 때부터 아르바이트를 할 수밖에 없었다.

내가 가장 많이 했던 아르바이트는 예식장 서빙이었다. 미성년자 입장에서 할 수 있는 일이 제한적이었지만, 오전 8시부터 오후 8시까지 12시간 동안 일한 대가로 5만 원을 받는 데다가 맛있는 음식까지 먹을 수 있었으니, 내게는 최고의 일자리였다. 그러던 어느 날, 예식장 식비가 2~3만 원대라는 사실을 알게 된 나는 '그럼, 사장님은 대체 얼마나 많은 돈을 벌까?'라는 궁금증을 가지면서 돈에 대한 개념이 달라지기 시작했다.

그렇게 시간이 흘러 고등학교에 진학한 나는 예식장 아르바이트보다 일당을 더 많이 주는 곳을 찾게 된다. 바로 일명 '노가다'라고도 하는 막일이었다. 나는 원하는 건 가져야 하는 성향 탓에 그 누구보다 돈이 필요했고, 주말마다 어떤 곳이든 마다하지 않고 배정되는 현장에 투입이 되어 최선을 다했다. 그 과정에 만난 지금도 생생하게 기억나는 두 군데가 있다. 한 곳은 트럭의 냉각수를 교체하는 업체였고, 다른 한 곳은 도살장으로, 일당을 많이 챙겨줘서 인상 깊게 남아 있다.

물론 두 곳의 근무 환경이 비슷하지는 않았다. 우선 냉각수를 교체하는 일은 쉬웠다. 식사도 맛있었고, 대기업의 체계적인 시스템도 경험할 수 있었다. 특히, 연장 근무를 하면 시간당 15,000원을 더 받을 수 있었고, 이 금액에서는 소개비도 면제였다. 참고로 해당 업체의 당시 하루 일당은 8만 원이었는데, 소개비 10%를 떼가 실수령액은 72,000원이었다. 그런데 3시간 연장 근무를 하면 45,000원을 고스란히 더 받아, 주말 이틀 동안 총 234,000원의 수입이 생겼다. 그러니 고등학생 입장에서는 제법 쏠쏠한 일자리였다. 그러나 아쉽게도 내게는 이곳에서 일할 수 있는 기회가 많이 주어지지는 않았다.

반면, 도살장 업무의 강도는 차원이 달랐다. 내게 주어진 역할은 반토막 난 돼지를 컨베이어벨트에서 옮기는 일, 3등분 된 돼지를 도끼로 척추를 분리해 옮기는 일, 4등분 된 소를 한 덩이씩 냉장트럭에 실어주는 일이었다. 이 중에서도 소를 옮기는 일이 육체적으로 가장 힘들었는데, 한 덩이가 약 70kg로 내 몸무게보다 무거웠다. 심지어 도살장 특유의 냄새와 분위기로 인해 주말 이틀 동안 12시간씩 일하고 나면, 한동안 고기를 먹고 싶은 생각이 들지 않았다.

그래도 나는 나를 자주 불러주는 그곳에서 최선을 다해 일했다. 특별한 이유는 없었다. 그저 고등학생이 만지기 어려운 234,000원을 단 2일 만에 벌어들일 수 있다는 장점이 나를 그렇게 움직이게 했다.

군대에서 장사의 맛을 보다

나는 학창 시절, 공부에 흥미가 없었다. 공부하지 않을 그럴듯한 명분이 필요해 고등학생 때 입시 미술을 준비할 정도였다. 하지만 끝까지 이어가지는 못했다. 눈에 띄게 재능이 있는 것도 아니었고, 비용 또한 만만치 않았기 때문이다. 대신 나는 예전부터 관심이 많던 '장사'와 연관성이 커 보이는 한 전문대학의 프랜차이즈경영과에 진학했다.

그렇게 대학생이 되어서도 아르바이트는 계속되었다. 저소득층을 위한 국가장학금을 받기는 했지만, 자취를 시작해 생활비를 마련해야 했던 탓이다. 그런데 운이 좋게도 6개의 가게를 운영하는 사장을 만나 그중 한 곳을 온전히 맡게 된다. 게다가 당시 최저 시급이 4,320원이었는데, 나는 무려 8,000원을 받았다. 아마도 눈치껏 움직이고, 새로 들어온 아르바이트생들을 관리하는 등 책임감 있게 일하는 모습이 좋게 보였던 모양이다. 무엇보다 내가 근무하는 동안 매출이 떨어지지 않았으니 사장 입장에서는 믿고 맡길 만하지 않았나 한다.

그런 와중에 일할 때 어린 나이가 장점보다는 단점으로 작용한다는 걸 절실히 느껴, 1학년 1학기를 마치자마자 곧바로 입영 신청을 해 입대했디. 그런데 뜻밖에도 또 한번의 기회를 만나게 된다. 특기병을 선발한다며 마트 근무 경험이 있는지를 묻기에 아버지가 마트를 운영한다고 손을 들었더니, PX 관리병으로 선발된 것이다. 즉, 군대 내 마트를 맡게 된 셈이다. 덕분에 나는 자연스레 재고 관리법, 매출 올리는 법을 비롯한 실무부터 엑셀을 다루는 법까지 행정적인 업무도 익힐 수 있었다. 더불어 계획을 세워 실천하는 습관도 들였다.

이 과정에 여러 에피소드가 있었는데, 가장 기억에 남는 추억은 아무래도 본부장 표창을 받은 일이다. 연대 내 PX 중 최고 매출을 낸 데 대한 보상이었다. 또 PX를 운영하면서 모든 훈련과 행사에 참여함으로써 군 생활을 하는 동안 80여 일의 휴가를 받는 달콤함도 누렸다.

물론, PX 관리병에 대한 인식이 그리 좋지만은 않다는 것도 안다. 유격 훈련 기간에도 PX를 설치하고 운영해야 하니, 모두가 쉴 때 홀로 근무를 서야 하는 날도 많기 때문이다. 그래도 경험상 좋은 점도 많았다. 예를 들어, 분기에 한 번씩 면세 술이 들어올 때가 있는데, 판매 권한이 오직 나에게만 주어졌다. 해당 제품은 부대 간부만 구매할 수 있었고, 수량도 한정되어 있었기에, 이 시기는 간부들과 관계를 쌓을 수 있는 좋은 타이밍이었다. 그래서 나는 직급이 높은 대대장에게는 적당히 제공하고, 다른 간부들도 구매할 수 있도록 배려하며 신뢰를 얻었다. 또한 발주 업무를 맡으며 거래처와도 가까워졌다. 자잘한 편의를 봐주다 보니 자연스럽게 '형, 동생' 하는 사이가 되었고, 때로는 용돈을 받기도 했다.

이렇게 작지만 다채로운 사회의 축소판을 경험하며, '장사'라는 세계가 품고 있는 생생한 매력을 몸으로 익히는 귀한 시간을 보냈다.

좋은 직장에 들어가면 모든 게 해결될 줄 알았다

군대에서 빨리 돈을 벌고 싶다는 마음이 강하게 굳어진 나는 전역과 동시에 복학했다. 그리고 더는 놀 여유가 없다고 생각해 아르바이트도 시작했다. 다행히 입대 전에 잠시 맡았던 가게를 다시 맡을 수 있게 되었고, 시급 역시 예전처럼 조건이 좋았다. 당시 최저 임금이 6,000원 수준이었는데, 1만 원을 받았으니 1.5배가량 더 받은 셈이다. 게다가 물품 발주, 요리 테스트, 아르바이트생 채용 등 온갖 실무도 제대로 배울 수 있었다.

그렇게 나는 한 학기 동안 약 500만 원을 모았고, 2학년이 되던 새해 첫날, 학업에 전념하기로 결심했다. 그랬다. 내가 모은 돈은 6개월 치 월세, 식비, 여유 자금으로 사용할 생활비였다. 가정 형편상 부모님의 지원을 받을 수 없었기에, 조기 취업을 목표로 미리 준비한 금액이었다. 덕분에 나는 계획대로 취업 준비를 착실히 해 나갔다. 아마도 내 생애 가장 열정적으로 공부했던 시기가 아닐까 한다.

시간이 흘러 공채 시즌이 되었고, 나는 평소 눈여겨보던 기업에 관리 직무로 지원했다. 놀랍게도 대기업 두 곳에서 서류 전형 합격 통보를 받고, 설레는 마음으로 면접 준비에 몰두했다. 그러던 중 한 곳에서 시스템 오류로 합격 처리가 되었다는 전화를 받게 된다. 이 말은 곧 불합격이라는 뜻이었다.

사실 어느 정도 예상한 상황이었다. 일단 부딪혀보자는 생각으로 4년제 전형에 지원했기 때문이다. 이에 나는 면접을 볼 수 있게만 해달라고 정중히 요청했고, 이튿날 면접 결과에 이의를 제기하지 않는다는 약속을 하고 기회를 얻었다.

그 이후로 나는 더 꼼꼼히 면접 대비를 했다. 내 스토리를 이력서와 자기소개서에 그대로 녹여냈기에 자신도 있었다. 며칠 후, 면접 당일이 다가왔고, 하루 전 서울에 올라가 찜질방에서 숙박한 나는 제일 먼저 면접장에 도착했다. 이윽고 3:1의 압박 면접이 이루어졌으나 화기애애한 분위기로 진행되었다. 그래서일까. '날 놓치면 손해지.'라는 건방진 생각을 하기도 했다.

그로부터 며칠 지나지 않아 나는 합격 통보를 받았다. 약간의 희망을 안고는 있었지만, 특별히 주어진 자리였기에 큰 기대를 하지 않았던 터라 그 어느 때보다 기뻤다. 그리고 이 기쁨은 오리엔테이션에서 동기들을 만나면서 놀라움으로 바뀌었다. 20대 초반인 나와는 달리 평균 나이가 30세였고, 대부분이 명문대 출신이었다. 심지어 토익, 자격증, 현장 경험까지 나보다 훨씬 뛰어났다. 그래도 나는 '동기니까 문제없어.'라며 스스로를 다독이며, 주어진 임무에 최선을 다했다.

이때 나는 쇼핑몰 오픈 멤버로 여성 의류 매장을 맡았는데, 정식 오픈 전이라 매장 관리뿐만 아니라 인테리어를 보는 눈을 키우는 행운도 누릴 수 있었다. 또 나에게 각종 업무를 알려주는 선배가 같은 고향 출신이라 유독 나를 아껴주어 편하게 일을 할 수 있었다. 특히 주말에는 비교적 여유로워서 아르바이트를 병행할 수 있어서 나는 예상보다 저축을 더 많이 할 수 있었다.

그러던 어느 날, 인생의 전환점이 되는 사건과 마주하게 된다. 입사한 지 2년 차가 되었을 때였다. 승진 명단이 발표되었는데, 동기 중에 내 이름만 빠져 있었다. 평소 업무 속도도 빠르고, 막내라 동기들의 일거리도 도와주고, 퇴근도 가장 늦게 했던지라 납득할 수 없었다. 이에 사수에게 이유를 물었더니, 임원진에게 여러 차례 언급을 했지만 반려가 되었다고 했다. 그 순간, 다른 팀 만년 대리의 모습이 머릿속을 스쳤다. 동시에 '이제 내 장사를 해야겠다.'라는 결심이 섰다.

오랫동안 꿈꿔온 일이었기에 더는 망설일 이유가 없었던 나는 한 달 뒤 퇴사를 했고, 그사이 모아둔 3,000만 원을 들고 전북 군산으로 내려갔다. 다시 돌이켜봐도 무모한 결정이었지만, 현재의 나를 있게 해준 선택이었다.

창업이라는
도전의 무대

장사에 모든 일상을 투자하다

호기롭게 창업을 선언했지만, 경험이 없던 나는 3주 동안 아이템, 상권, 초기 비용 등 기본적인 정보를 하나하나 정리해 나갔다. 여러 후보를 검토한 끝에 닭갈비로 아이템을 정하고, 당시 유행하던 '전수 창업' 방식으로 1,000만 원을 들여 레시피를 배웠다. 그리고 그 가게 에서 약 2주간 일하며, 장사의 흐름과 기본기를 익혔다.

문제는 그다음이었다. 가게를 열 장소 선정과 인테리어를 진행해야 했는데, 남은 자본은 2,000만 원이 전부였다. 누가 보더라도 가게를 마련하기에는 턱없이 부족한 금액이었다. 게다가 이미 레시피에 큰 돈을 쓴 터라, 이후의 모든 과정은 최대한 비용을 아끼는 수밖에 없었다.

이에 따라 발품을 팔며 적당한 장소를 찾던 중 마음에 드는 곳을 발견했는데, 보증금 2,000만 원에 월세 120만 원이었다. 그러나 바로 포기하기에는 아쉬운 자리였다. 그래서 보증금을 낮추는 대신 월세를 더 내겠다는 조건을 들고, 건물주를 세 차례 찾아가 설득했다. 그 결과, 보증금 100만 원에 월세 160만 원으로 계약할 수 있었다. 지금도 내 형편을 이해하고, 도움을 준 그에 대한 고마움은 여전하다.

큰 산을 하나 넘었지만, 인테리어가 남아 있었다. 사실 인테리어는 욕심을 내는 만큼 비용이 천차만별이다. 이를 잘 알고 있었던 나는 회사에 다닐 때 친분을 쌓은 쇼핑몰 공사 담당자에게 연락해 사정을 이야기하고, 인테리어를 맡아달라고 부탁했다. 그런 다음, 전기와 배관처럼 전문가의 손길이 필요한 부분을 제외하고는 철거부터 마감까지 전 과정에 직접 참여했다. 마침 그 무렵이 한여름이라 한 달 만에 74kg이던 몸무게가 66kg이 되는 평생 처음 겪는 다이어트 효과를 덤으로 체험하기도 했다. 또 필요한 물품은 대부분 중고로 장만하며 비용 절감에 총력을 기울였다. 그렇게 해서 인테리어 비용을 포함해 공간을 마련하는 데 총 2,000만 원이 들었다.

요즘 표현을 빌리자면 영혼을 끌어모아 준비한 창업이었다. 그랬기에 식자재 비용은 외상으로 대체해야만 했다. 이로써 첫 단추를 잘

끼워야 했다. 그런데 이게 웬일인가. 오픈 첫날, 식자재가 바닥날 만큼 손님이 몰려 조기 마감하는 상황이 벌어졌다. 아마도 인테리어 공사 기간 동안 자연스레 입소문이 났던 모양이다. 그 덕분인지 이후 약 3개월 동안은 일 매출이 200만 원 이하로 떨어진 날이 하루도 없었다. 지금 생각해도 그때는 정말 운이 좋았다고밖에 말할 수 없다.

그리하여 매일 아침 7시부터 재료를 준비하고, 새벽 1시까지 쉬지 않고 일해야만 했다. 몸은 힘들었지만, 마음은 정말 행복했다. 당시 월 순수익만 약 1,500만 원 정도였으니 미수금도 빠르게 정산할 수 있었다. 만약 초반 매출이 좋지 않았다면, 버티기 힘들었을 테다. 물론 다시 그때처럼 하라고 하면 자신은 없다.

그렇게 쉼 없이 약 6개월쯤 달려왔을 즈음, 근처에 대형 닭갈비 프랜차이즈 매장이 생겼다. 솔직히 속상했지만, 이길 수 있다고 믿고 전략을 바꿨다. 가격을 대폭 낮춰 마진을 줄이는 대신 박리다매로 승부를 보기로 한 것이다. 배달도 시작했다. 그러자 매출이 줄기는커녕 오히려 늘어났다.

2016년 1월, 배달을 시작했던 시점이 아직도 기억난다. 그로부터 1년 동안 경쟁했고, 결국 그 프랜차이즈 매장은 폐업했다. 뿌듯함도 있었지만, 나처럼 장사를 하던 사장 한 명이 꿈을 접었다는 생각에 마음이 편하진 않았다. 그때 깨달았다. 박리다매 전략은 효과적일 수는 있어도, 내 살을 도려내는 방식이라는 사실을. 특히, 홀 매장을 기본으로 운영하는 경우엔 추천하고 싶지 않다. 테이크아웃 중심 상권이라면 가능성이 있겠지만, 이 또한 브랜딩이 뒷받침되어야 한다. 유통이나 공장에서는 수익이 나겠지만, 현장을 지키는 사장 입장에서는 지속 가능한 전략은 아니다.

따라서 장사에서 가장 중요한 건 '지속 가능성'이다. 원가율이 낮은 아이템이 아니라면 박리다매는 오래가지 못한다. 대표적으로 1,900원짜리 생맥주, 저가 한우를 예로 들 수 있다. 이들은 카피 브랜드가 우후죽순 생겨남에 따라 경쟁에서 살아남기 위해 몇 배의 에너지를 더 기울여야 한다. 진입장벽이 없는 아이템이라면 더욱 그렇다. 그래서 나는 지금도 지속 가능성이라는 키워드를 가장 먼저 고려한다.

경마장에 전 재산을 베팅하다

앞서 보았듯이 처음이라 서툴고 어려운 점도 많았지만, 첫 장사는 기대 이상으로 순조롭게 자리를 잡았다. 그러던 어느 날, 평소 알고 지낸 지인의 추천으로 과천 경마장에 입점할 기회가 생겼다. 내 아이템이 아닌 카페와 한식 푸드코트를 수수료를 지불하고 운영하는 방식이었다. 흔히 말하는 '수수료 위탁 계약'이었다. 수익의 일정 비율을 떼어줘야 했지만, 늘 경험을 추구하는 나로서는 망설일 이유가 없었다. 이에 제안했던 지인과 각 1억 원씩 투자하기로 하고, 바로 실행으로 옮겼다.

당시에 실제로 필요한 비용은 약 3억 원이었다. 그러나 직접 인테리어를 하고, 대부분의 기물을 중고로 구했던 첫 장사 때 터득한 노하우 덕분에 약 1억 원을 절감할 수 있었다. 이 과정을 통해 업종별 주방 기물의 사양과 가격을 외울 정도로 알게 되었다.

이렇게 현장에 집중해야 했기에 과천에 반지하방을 구해 군산과 과천을 오가며 카페 오픈 준비를 마쳤다. 이제 남은 건 한식당 인테리어였다. 그런데 큰 문제가 생겼다. 함께하기로 한 동업자가 갑자기 돈이 없다고 털어놓은 것이다. 상대방을 믿고 내가 먼저 1억 원을 지출한 게 화근이었다. 순간, 머릿속이 새하얘졌다. 이미 한식당 공사는 진행 중이었고, 카페와 한식당 두 곳 가운데 하나를 포기하면, 계약 위반으로 카페 인테리어에 들인 1억 원을 고스란히 손해로 떠안아야 했기 때문이다.

당황스러웠지만 주저할 틈이 없었다. 제일 먼저 신용보증재단에 찾아가 3,000만 원을 확보했다. 그래도 필요한 금액에 한참 못 미쳐 몇 번 더 방문했더니, 담당자가 2,000만 원을 추가로 빌릴 수 있는 방법을 알려주었다. 아무래도 절실한 내 모습이 안쓰러웠나 보다. 이로써 총 5,000만 원을 마련한 나는 2금융권과 카드론을 동원해 3,000만 원을 더 조달했다. 이후로 먼저 오픈한 카페의 매출로 한식당 공사비를 충당해 오픈까지 갈 수 있었다. 그야말로 사람이 궁지에 몰리면 초능력을 발휘하게 된다는 말을 몸소 체험한 시기였다.

이 와중에도 동업을 제안했던 지인은 같이 하자는 말만 반복했고, 중개하는 회사에서는 실력 없는 사람을 배치해 운영에만 간섭했다. 게다가 매출도 지지부진했다. 말로 표현할 수 없을 만큼 극심한 스트레스가 몰려왔다. 몇 날 며칠 고민한 끝에 모든 책임을 내가 떠안기로 하고, 모든 사람을 내보내기로 결단했다.

예상은 했지만 그 흐름이 원만하지는 않았다. 돈 한 푼 들이지 않은 사람들이 하나라도 얻어가기 위해 혈안이 되어 접근했기 때문이다. 아마도 내가 처음으로 창업했던 닭갈비 장사에 대한 소문을 듣고 다가온 이들이었던 듯하다. 이에 나는 의도적으로 적자 상태를 유지했다. 애를 써도 적자를 벗어나지 못하는 상황을 약 5개월 동안 보여준 것이다. 그랬더니 하나둘 자연스럽게 떠났다. 지금 돌이켜봐도 어린 나이에 어떻게 그런 결정을 했는지 지금도 신기하다. 다만 확실한 하나는 어떻게든 살아낼 방법을 찾다 보니 길이 보였다는 사실이다.

결론적으로 잘 해결되었으나, 이때 내가 저지른 가장 큰 실수는 계약서를 작성하지 않은 것이다. 만일 동업을 고려하고 있다면, 계약서는 반드시 써야 한다. 아무리 친한 사이라 할지라도 심지어 가족이라 하더라도 계약서 없이 시작하면 나중에 반드시 문제가 생긴다. 특히, 서로의 권한과 책임에 대해서 명확하게 기재한 후 공증을 받아두는 게 좋다. 혹여나 계약서를 쓰지 않으려고 한다면, 숨겨둔 뜻이 있거나 책임을 회피하려는 사람일 가능성이 높다는 점을 잊지 않았으면 한다.

이렇듯 예상하지 못한 일들로 우여곡절을 겪었지만, 다행히 장사에만 집중할 수 있는 환경이 되었다. 물론 홀로 감당해야 할 부분이 많았지만, 차근차근 나아갔다. 금~일요일에만 개장하는 경마장 특성상 월·화요일에는 군산 가게를 돌보고, 수·목요일에는 오전 피크 타임에만 카페를 열었다. 그 외의 시간에는 식자재 준비와 서류 작업에 매진했으며, 메뉴 개발도 소홀히 하지 않았다. 여기에 더해 매출을 최상으로 끌어올리기 위해 타임 세일을 활용하는가 하면, 일일 보고 체계를 도입해 그 데이터를 바탕으로 인건비를 최소화했다. 이로 인해 밤 12시 이전에 퇴근하는 날이 없었다. 한마디로 내 일상은 경마장에 입점한 두 업체를 정상화 하는 데 전력을 기울이는 아이디어와 실행으로 채워졌다.

한편, 특수 상권일 경우 요식 업계에서 말하는 3:3:3 법칙이 있다. 이는 인건비 30%, 재료비 30%, 기타 경비 30%를 의미한다. 나머지 10%는 순이익이 차지한다. 하지만 이는 대기업 기준일 뿐, 나는 인건비를 15%로 줄이는 대신, 재료 퀄리티를 올려 재료비 32%, 기타 경비 25%, 순이익 25% 구조로 바꿔놓았다. 이 중 매장 세 곳의 인건비 15%를 유지한다는 건 내가 현장에서 직접 투입되었을 때 가능한 수치였던지라 점차 20%로 올렸다.

말 그대로 간절함 하나로 버텼던 나날이었다. 다시 하라면 못할 만큼 내 모든 에너지를 쏟아부었다. 이런 내 노력이 통했는지 6개월 동안 1,000만 원의 적자를 내던 가게가 두 달 후에는 1,000만 원의 순수익이 나왔고, 다섯 달 후에는 순수익 2,500만 원을 달성했다.

그래도 나는 여전히 목이 말랐다. 운전을 하면서도 '이 시간이 아깝다.'라는 생각에 중고로 220만 원을 주고 군고구마 기계를 장만해 군고구마를 팔았다. 놀랍게도 3년간 약 1억 원어치를 팔았고, 기계는 200만 원에 되팔았다. 또 가게에 들일 저렴하면서도 품질이 뛰어난 쌀을 발견해 스마트스토어에 입점시켰다. 그런데 생각보다 반응이 좋아 하루에 50포 이상 주문이 들어왔고, 현재도 매달 100포 이상 나가고 있다. 가볍게 시작한 부업에서 기대 이상의 성과를 맛보았다고 할 수 있다.

여기서 내가 얻은 교훈이 하나 있다. 꾸준함은 결국 판을 바꾼다는 진리다. 참고로 비행기가 이륙할 때 전체 연료의 70~80%를 쓴다고 한다. 우리가 하는 모든 일도 마찬가지다. 무언가를 지속하지 않고, 하루아침에 달라지길 바라는 건 욕심이다. 3개월, 6개월, 1년을 진심으로 계속 실천해 나간다면, 반드시 기회가 온다. 그리고 그 기회가 왔을 때는 잡을 준비가 되어 있어야 한다.

묘수를 부리다가 큰코다치다

경마장에서 월평균 2,000만 원 정도의 수익이 안정적으로 나오기 시작하자 다양한 기회가 눈에 들어왔다. 그 와중에 과천과학관에서 카페 입찰 공고가 떴다. 마침 경마장과 도보 5분 거리에 있는 곳이라 현장 답사를 가보니, 폐기차를 개조해 만든 공간이었다. 다만 외부 공간이라 제약이 많았고, 특히 영업 허가를 받는 과정이 까다로워 몇 차례 유찰되었다는 사실을 알게 되었다. 하지만 내 아이템으로 충분히 승산이 있겠다는 판단이 들어 수의계약을 통해 입점했다.

우선 영업 공간으로 활용할 푸드트럭을 설치해 이를 기반으로 영업 허가를 받았다. 그다음은 메뉴 선정이 관건이었다. 주요 고객층이 주부와 아이들이었기에 간단하게 허기를 달랠 수 있는 주문형 샌드위치로 결정하고, 간단한 분식류와 음료를 더해 구성했다.

이로써 군산의 닭갈비 매장을 비롯해 경마장 내 세 곳 그리고 군산 과학관 카페까지 총 5개의 매장을 운영하는 대표가 되었다. 하지만 매장 수만큼 간접비용이 늘어났고, 아무래도 집중력이 분산되다 보니 매출도 떨어지는 듯했다. 비로소 직원 관리의 중요성을 실감했다.

아마 많은 매장을 여러 개 둔 자영업자들도 공감하리라 생각한다. 대부분이 첫 매장이 잘되면 자신감을 얻어 두 번째, 세 번째 가게를 오픈할 시도를 한다. 그러나 아이러니하게도 수익률이 떨어지는 경우가 많다. 왜냐하면 사장의 몸은 하나뿐이기 때문이다. 다시 말해, 매장이 하나일 때처럼 직접 손발을 맞추는 운영이 불가능해진다.

이에 나는 책임자 제도를 도입했다. 각 매장 책임자에게 급여 외에도 순이익에 대한 인센티브를 부여한 것이다. 대신 각자가 직접 매출·매입 장표를 기록하고, 책임자가 직원을 뽑고, 그 직원이 아르바이트생을 뽑게 했다. 한마디로 권한과 책임을 명확히 부여하는 구조였다. 그 결과, 책임자는 발주를 한 번 더 검토하는가 하면, 매출을 올리기 위한 주인의식이 자연스레 생겼다. 심지어 불필요한 인력이 더는 늘어나지 않게 되었다. 덕분에 3년간 큰 문제없이 운영할 수 있었다.

이쯤에서 매장이 늘어남에 따라 반드시 주의해야 할 점을 짚고 넘어가려 한다. 바로 '세금계산서 가공 거래'다. 아마 생소한 사람이 많을 테다. 이는 말 그대로 허위 세금계산서를 만들어 매입을 부풀리는 방식이다. 쉽게 설명하자면, 일반적으로 부가세는 10%를 내게 되어 있지만, 이렇게 말하면서 5% 정도의 수수료를 받고 세금계산서를 판매하는 이들이 있다는 얘기다. "우리가 매입이 너무 많아서 매출을 만들어야 하니 세금계산서를 추가 발급해 줄 수 있다."

얼핏 그럴싸하게 들릴 수 있지만, 냉정하게 따져봐야 한다. 예를 들어, 1,000만 원짜리 세금계산서를 50만 원에 판다는 건 결론적으로 본인들이 100만 원의 세금을 더 내야 한다는 의미인데, 정상적인 사람이라면 이렇게 거래할 이유가 없다. 소득세 구간을 낮추기 위한 목적일 수도 있지만, 불법은 불법이다.

나도 약 1억 원을 같은 방식으로 매입 처리한 경험이 있다. 처음에는 몇백만 원 수준이었으나, 2~3년 동안 문제가 없어서 점점 금액이 커졌다. 국세청에서 이미 파악하고 있다는 사실도 뒤늦게 알게 되었다. 거래처 한 곳이 적발되면 연결된 업체도 연달아 조사할 수 있기에 일부러 몇 년을 방치해두는 것이었다.

당연히 나도 세무조사를 받았다. 당시 해당 거래처가 제주도에 있어서 제주도를 샅샅이 뒤져 담당자를 찾아 방대한 자료를 준비해 해명서를 제출했지만, 무용지물이었다. 결국 과징금, 가산세, 그리고 향후 지속적인 세무 감시까지 받게 되었다. 그뿐만 아니라 탈세했던 금액의 3~4배를 더 물어야 했다. 이때 깨달았다. 상식적으로 이해되지 않는 일에 절대 발을 들여놓지 말아야 한다는 걸 말이다.

명심하자. 세금에는 묘수가 없다. 물론, 여러 절세법이 있지만, 탈세는 전혀 다른 개념이라서 더 큰 대가를 치르게 되어 있다. 그러니 마음을 비우고, 수익에 알맞은 세금을 낸다는 자세로 임하자. 세금을 내기 싫다고 돈을 덜 벌 수는 없지 않은가. 그래서 나는 지금도 매출의 3%는 세금으로 나갈 돈이라 생각하고, 따로 통장을 만들어 관리한다. 그게 마음 편하고, 장사를 오래 이어가기 위한 가장 현실적인 방법이다.

미리 준비한 자에게 열린 기회

나는 여러 매장을 운영하면서도 틈틈이 배달 아이템을 개발하기 위해 공을 들였다. 경마장 특성상 여유 있는 시간이 많았기에 메뉴를 연구하고, 개발할 수 있는 환경이 잘 갖춰져 있었고, 그 아이템들을 군산 매장에서 직접 테스트해 볼 수 있었다. 이 과정에만 최소 3,000만 원의 재료비가 들었지만, 직접 테스트하며 경험치를 쌓은 시간은 값어치 있었다.

물론, 내가 전문 셰프 출신은 아니었지만, 책과 인터넷으로 기본기를 익히고, 나만의 조합으로 레시피를 만들어가는 과정이 즐거웠다. 어릴 적 바쁜 부모님을 대신해 요리를 해 먹던 경험도 큰 도움이 되었다. 재료를 보는 눈이나 간을 맞추는 감각만큼은 누구에게도 밀리지 않는다는 자신감이 있었다.

실제로 나의 배달 아이템은 2016년, 군산의 닭갈비 매장에서 첫 출발을 했다. 이때 꾀 반응이 좋아 이듬해 삼겹살 배달 브랜드를 추가로 론칭했는데, 홀 장사와는 별개로 하루 배달 매출만 150만 원이 나올 정도로 자리를 잘 잡았다. 초기 비용에 들인 금액이 고작 30만 원짜리 업소용 불판 하나가 전부였는데도 말이다. 아마도 현재는 흔해졌지만 당시만 해도 생소했던 '밀키트'를 도입한 효과가 아니었을까 한다. 이 외에도 샌드위치, 케이크, 음료 등 다양한 품목에 도전해 봤지만, 큰 반응을 얻지는 못했다. 이로써 주방의 물리적인 한계에 의해

삼겹살 브랜드에 집중했다.

한편, 나는 개인적으로 '린 스타트업Lean Startup' 방식을 좋아한다. 예를 들어 1,000만 원을 한번에 투자하기보다는 일정 금액을 나눠서 시도해 보고, 결과에 따라 진행 여부를 결정하는 형태다. 이를 선호하는 입장에서 실험과 실행을 반복하던 중에 2019년, 한 매장에서 3가지 배달 브랜드를 동시에 운영하기에 이른다. 그건 바로 지금도 많은 고객에게 사랑받고 있는 '닭갈비클라쓰', '1인삼겹 오빠삼', '밥도둑 바른게장'이다.

놀랍게도 이들 매출만으로도 월 6,000만 원 이상을 꾸준히 기록했다. 이에 배달 시장에 대한 가능성을 더욱 체감한 나는 '배달에 최적화된 매장을 만들어보자.'라는 목표로 2019년 3월, 전주 완산구에 배달 전문 매장을 열었다. 그런데 기대 이상의 성과를 내 그 기세에 힘입어 4월에 군산 매장을 배달 특화 매장으로 바꾸기 위해 더 유리한 위치로 이전했고, 이 역시 대박이 났다. 그리고 같은 해 6월, 동일한 구조를 적용해 전북 익산에 또 하나의 매장을 오픈했는데, 결과는 마찬가지였다.

이렇듯 배달에만 집중하니 모든 면에서 퀄리티가 자연스레 올라갔다. 게다가 그 무렵에는 지금처럼 경쟁이 치열하지 않아서 자본금만 최소화하면 수익을 내기 수월했다.

한편, 경마장에 입점한 상가들은 3년이라는 계약 기간이 있어, 늘

재계약이 되지 않는 상황에 대비하고 있어야 했다. 그런데 다행히 앞서 준비한 아이템들이 연달아 잘 풀려, 큰 부담 없이 경마장 매장을 정리할 수 있었다.

모든 경험이 자양분이 되다

앞서 얘기했듯 계약 종료로 경마장 매장을 정리했다. 하지만 나는 이미 다음 스텝으로 넘어갈 준비가 끝나 있었다. 특히, 배달 전문 매장 세 곳 모두 운영도 잘되고, 매출도 꾸준해, 직영점 100개를 운영하는 그림까지 그려보고 있었다.

그러나 이내 현실적인 문제에 부딪혔다. 매장 100개를 운영하려면 그만큼의 인원이 필요한 데다가, 내가 거주하는 전북 지역은 상권 규모가 크지 않았기 때문이다. 이는 곧 다른 지역에도 자리를 잡아야 한다는 의미였고, 이에 따른 추가 비용이 예상보다 컸다.

한편, 나는 프랜차이즈경영을 전공했지만, 업계에 대해서는 회의적인 시선을 갖고 있었다. 이유인즉, 본사는 과도한 이익을 취하는 반면, 가맹점은 손익분기점도 넘기기 어려운 구조를 너무 많이 봐왔기 때문이다. 그런데 직접 장사를 하면서 이런 생각이 들었다. '내가 욕심을 내려놓고, 가맹점 사장님들이 원가에 가깝게 물건을 받을 수 있다면 서로 win-win 할 수 있지 않을까?' 가령, 가맹점 100개가 생겼을 때, 한 곳에서 월 30만 원만 남기는 것이다. 그러면 내게는 적어도 월 3,000만 원의 수익이 생기고, 점주들은 안정적으로 장사할 수 있는 구조가 형성된다.

이런 구상을 하고 있는 어느 날, 한 직원이 본인 아들에게 가게를 열 수 있게 해주고 싶다는 바람을 전했고, 그 계기로 본격적으로 프랜차이즈를 시작해 보기로 결심했다. 그렇게 2019년 8월 말, 법인을 설립해 전주 덕진구에 첫 가맹점을 오픈했다.

첫 매장이었기에 내 가게처럼 애정을 쏟았다. 직접 기물을 옮기고, 세팅까지 손수 챙겼다. 이렇게 출발한 가맹점이 입소문만으로 10호점까지 무난히 확장되었다. 덕진점 사장의 삼촌이 광주에, 직원 친구가 또 다른 지역에 진출하면서 생겨난 일이었다. 모두 홍보 없이 이뤄진 결실이었고, 무엇보다 점주들이 만족할 만한 결과를 얻어 뿌듯했다.

지금에 와서 돌이켜보면, 경마장 상가에 입점하면서 익혀둔 서류 양식과 위생 기준이 큰 도움이 되었던 듯하다. 메뉴 레시피부터 청소 매뉴얼까지 정리해 둘 수 있었으니까. 이뿐만 아니라 현장에 특화되어 있었던 나는 가맹 상담을 직접 하며, 가맹점이 들어설 지역에 방문해 상권 분석을 비롯해 도면 작성, 인테리어, 기물 세팅까지 꼼꼼히 살폈다. 더불어 공사비, 기물 구입비를 최대한 줄일 수 있는 방법을 빠트리지 않고 공유했다. 전부 경험에서 우러나온 알짜배기 정보였다. 가맹점 오픈 후에도 관리를 소홀히 하지 않았다. 점주들의 교육은 직원에게 맡기되, 매뉴얼이 익숙해지기 전까지는 전화로 직접 피드백하며 하나하나 챙겼다.

이밖에 개인적으로는 첫 번째로 상표 등록에 집중했다. 프랜차이즈를 운영하려면 정보공계서와 가맹계약서를 필수로 등록해야 하는데, 보통 가맹거래사를 통해 약 60~100만 원으로 진행할 수 있다. 그다음 점주에게 메일로 교부해 읽은 시점으로부터 14일 이내에 계약을 체결하면 되는데, 혹시 모를 분쟁이 생길 수 있으니 상표 등록을 반드시 해두기를 권한다. 이 같은 이유로 나는 셀프로 상표 등록하는 법을 익혀 아이디어가 떠오를 때마다 상표 등록을 했고, 그 결과 현재 10개 이상의 상표를 보유 중이다.

두 번째로 집중한 요소는 소스 개발이었다. 각 가맹점에 납품할 소스를 제조할 공장이 필요해 발품을 팔며 알아보던 중, 전주 매장 부근에 15평 규모의 냉장·냉동 시설을 갖춘 작업장을 발견했다. 딱 내가 원하던 조건이라 즉시 인수해 식품 제조 허가를 받았다. 다행히 대부분의 직영점이 장사가 잘되어 소스 공장에 투입되는 운영 효율이 높았다. 또 식품 제조와 관련해 전문적으로 교육받은 적은 없지만, 다양한 메뉴를 개발했던 경험이 식품 이해도를 높여 주었음을 이 과정에서 알 수 있었다. 게다가 스스로 자부할 정도로 간 맞추기에 자신이 있었던지라 어려움 없이 소스를 개발할 수 있었다. 참고로 최근에는 각종 레시피를 여러 SNS와 플랫폼에서 제공하고 있지만, 정작 핵심은 잘 알려주지 않으니, 번거롭더라도 나만의 소스를 만들어보길 추천한다.

이렇듯 공장이 생기고, 원자재를 대량 구매함에 따라, 원가 절감으로 각 가맹점에 소스를 비롯한 제품을 저렴하게 납품할 수 있었다. 당연히 점주들의 반응도 좋았다. 매장 3개를 운영할 때는 어려웠던 일이 자연스럽게 이루어졌다.

이쯤에서 하나 고백한다. 나는 프랜차이즈 초기부터 지금까지 네이버 키워드 광고 5만 원 외에 홍보비를 지출한 적이 없다. 본질이 중요하다고 믿었기에 직영점이 수익을 잘 내면, 그 자체로 입소문이 난다고 확신했다. 그리고 이는 앞서 언급했듯이 초반 10개 매장이 증명해 주었다.

여기까지만 보면 프랜차이즈 사업이 순조롭게만 흘러갔다고 느낄 수 있다. 그랬다면 좋았겠지만, 가맹점이 늘어나면서 시행착오가 많았다. 택배 출고량이 하루 100박스를 넘겨 오류가 생기기도 하고, 명절 또는 연휴에는 납품이 이루어지지 않는 상황도 발생했다. 특별한 해결책을 찾지 못하고 고민하던 중에 때마침 친한 거래처 대표의 소개로 물류사와 "내년까지 물류 매출을 세 배로 늘리겠다."라는 조건을 내걸어 업계 최저 수수료인 7%로 계약을 체결했다.

그런데 택배를 진담해 줄 곳이 생겼다는 기쁨도 잠시, 또 다른 고민

거리가 기다리고 있었다. 바로 한 달 치 재고를 먼저 확보해 두어야 한다는 점이었는데, 그러기에는 자금이 부족했다. 이때 중소벤처기업 진흥공단 청년사관학교를 통해 연 2% 이율로 1억 2,000만 원을 융자받을 수 있었다. 본점이 전주에 있어서 경쟁도 심하지 않았고, 철저히 준비한 덕분에 최대 금액을 받을 수 있었다.

물론, 창업 전에 1금융권 대출로 자본금을 마련해 두는 게 가장 좋다. 정부 자금은 요건도 까다롭고, 시간이 걸리니, 되도록 직장에 다니는 동안 1금융권을 이용해 최소 6개월 치 운영 자금을 준비하는 게 안정적이다. 몇 년 전까지만 해도 창업 전에도 대출이 곧잘 이루어졌으나, 이제는 여러 부정수급 등으로 인하여 사업을 개시한 시점으로부터 3개월 정도 지나야 한다. 이 기간이 지나면 신용보증재단에서 평균 2,000만 원까지는 무리 없이 융자가 가능하다.

내 경우는 2019년에 매출을 발생시켜, 2020년에 증가하는 추세를 보여줄 수 있어서 쉽게 신용보증기금의 도움을 받을 수 있었다. 이로써 프랜치이즈에 들인 내 실제 자본금은 약 5,000만 원이었다. 그사이 프랜차이즈의 틀을 짜느라 시간과 비용을 투자하기는 했으나, 그 외에는 정부 금융기관의 힘을 빌렸다.

아래는 장사를 하게 되면 누구나 마주치게 될 정부 금융기관들이다. 이들의 역할은 뒤에서 더 자세히 설명하겠지만, 담당자와 미리 관계를 쌓아두는 것도 사업의 중요한 준비라는 부분을 당부하고 싶다.

또 대체로 부정행위 방지를 위해 6개월~1년 주기로 보직이 바뀐다는
점도 알고 있으면 좋다.

    1. 신용보증재단

    2. 서민금융진흥원

    3. 소상공인시장진흥공단

    4. 중소벤처기업진흥공단

    5. 신용보증기금

    6. 기술보증기금

꾸준한 시장 분석에서 발견한 희망

가맹점이 10개를 넘어갈 무렵, 중국에서 발발한 코로나19가 전 세
계를 뒤덮었다. 이로써 많은 가게가 매출이 줄었고, 심지어 폐업을 하
기도 했다. 반면에 나는 오히려 수혜를 입었다. 배달 시장이 상승세를
보인 덕분이다.

물론 운이 좋았다. 하지만 나는 단순한 우연으로 보지 않았다. 여러
해 동안 다양한 도전을 하면서 시장의 흐름을 꾸준히 관찰해 왔고,
그 결과 1인 가구의 증가와 배달 수요가 늘어나는 현상을 체감하면
서 배달 브랜드를 선택했으니까.

그렇게 코로나를 기점으로 배달 프랜차이즈가 눈에 띄게 늘어나자,

오직 지인 소개로 가맹점을 늘려가던 나는 홈페이지의 필요성을 느꼈다. 그런데 제작을 맡기려니 가격이 천차만별이었다. 말 그대로 부르는 게 값이었다. 하는 수 없이 번거로워도 10군데 이상 문의해 가장 합리적이라고 판단되는 곳에 의뢰했다. 이때 홈페이지를 완성한 뒤에도 사후 관리를 해주는 곳으로 선정해야 함을 배웠다. 또 퀄리티를 높이기 위해 많은 창업자가 웹디자이너 같은 고정 인력을 고용하곤 하는데, '크몽'과 같은 전문가 플랫폼을 활용해 필요한 작업만 부분적으로 진행하면, 불필요한 고정비를 줄이고, 더 유연하게 대처할 수 있다는 것도 알게 되었다.

홈페이지가 생기고 나니 가맹 상담에 자신감이 붙었다. 마케팅을 본격적으로 했더라면 더 많은 가맹점을 받을 수 있었겠지만, 전문 인력도 부족했고, 매장 하나하나에 정성을 쏟는 일이 더 중요하다고 생각했다. 이 와중에도 특별한 광고 없이 월마다 2~4개의 가맹점이 오픈될 만큼 사업이 빠르게 확장되었다.

그러던 어느 날, 문득 가맹점 수를 세어 보니 30개를 넘어가고 있었고, 주변에도 배달 브랜드가 기하급수적으로 생겨나고 있었다. 그래서 나는 이 시기에도 린 스타트업 전략을 적극 활용해 매달 메뉴를 하나씩 만들었다. 직영점이 세 곳이라 테스트할 수 있는 여건도 충분해 한 달 동안 반응을 살핀 뒤, 긍정적이면 점주들에게 숍 인 숍 형태로 제안해 매출을 유지하거나 끌어올리도록 했다. 현재도 고객들이 많이 찾는 메인 브랜드인 '1992덮밥&짜글이'도 이 과정에서 탄생했다.

이 브랜드가 탄생하게 된 배경은 의외로 단순했다. 1인 가구가 계속 늘어날 게 분명했고, 그들이 간편하게 식사를 해결할 수 있는 메뉴를 구상하다가 기존 브랜드 가운데 덮밥으로 내놓을 수 있는 구성을 선별해 간단히 브랜딩했을 뿐인데, 기대 이상의 호응을 얻은 것이다. 그야말로 지속적인 도전이 낳은 결실이었다. 특히, 이 브랜드 덕분에 기존 가맹점들의 매출이 모두 상승했고, 자연스럽게 입소문을 타면서 가맹점 수 역시 늘어났다. 지금은 그 수가 어느덧 80개가 되었다.

당연히 중간중간 넘어야 할 산도 있었다. 대표적으로 플랫폼과의 눈에 보이지 않는 싸움에서 이겨야 했다. 예를 들자면, 내가 배달 브랜드에 집중하기 시작했던 2019년에는 지금처럼 배달 수수료가 높지 않았다. 그런데 2021년, 한 배달 플랫폼에서 수수료 구조를 변경하면서 상황이 바뀌었다. '이대로라면 플랫폼에 끌려가겠다.'라는 위협감을 피부로 느끼는 순간이었다.

이에 한번 더 성장할 기회를 엿보던 나는 당시 권리금 3억 원으로 나온 서울 강남 매장을 무권리로 인수했다. 그리고 그 자리에 2022년 3월, 1992덮밥&짜글이 본점을 오픈했다. 여전히 코로나가 기승을 부리는 중이었음에도 첫 달 매출 6,000만 원, 3개월 뒤 8,000만 원, 6개월 뒤부터는 1억 원 이상을 꾸준히 기록했다.

2025년 6월 현재도 본점은 월 1억 원 이상의 홀 매출과 2~3,000만 원의 배달 매출을 유지 중이다. 모두 위기와 변화의 흐름 속에서 끊임없이 관찰하고, 시도하며, 선택해 온 과정이 밑거름이 되어주었다고 믿는다.

3 나를 성장시킨 경험의 시간

아군으로 위장한 적들을 조심해라

이번 PART에서는 내가 프랜차이즈로 자리를 잡아오는 과정에서 직접 부딪히며 겪은 사례들을 바탕으로, 가맹 사업을 준비 중이라면 반드시 갖추면 좋을 태도와 마인드에 대해 이야기해보려 한다.

실제로 처음 창업을 준비하다 보면, 모르는 부분도 많고, 궁금한 점도 많다. 하지만 관련 도서와 인터넷 검색만으로는 한계가 있다. 나 역시 마찬가지 상황이라 발품을 팔며 다양한 사람을 만나러 다녔는데, 이때 가장 먼저 접한 곳이 '컨설팅 업체'였다. 그리고 10군데 정도 미팅을 한 후, 80% 이상이 사기에 가깝다는 현실을 알아차렸다. 전문성도 없고, 경력조차 의심되는 곳이 많았기 때문이다. 이에 내 경우는 장사를 했던 경험이 있어서 빠르게 파악할 수 있었지만, 프랜차이즈로 창업을 처음 시도하는 이들이라면 수천만 원을 지불하고도 손해를 보겠다는 생각이 들었다.

예를 들어, 그들은 각종 프랜차이즈와 협업했다고 말하며, 홈페이지, 패키지, 브랜드 로고, 정보공개서, 가맹계약서 등을 한데 묶어 약 2~3,000만 원을 요구하는데, 정작 세세하게 들여다보면 잠깐 스친 인연이었을 뿐이고, 비용 또한 500만 원 내외로도 가능한 수준이었다. 이보다 더 큰 문제는 브랜드마다 상황이 다름에도 정체성과 현실적인 조건이 전혀 고려되지 않은 채 일괄적으로 컨설팅이 이루어진다는 데 있었다.

그렇다면 제대로 된 업체를 만나려면 어떻게 해야 할까? 우선 견적을 패키지로 수천만 원을 제시한다면 피하고, 한 단계씩 진행하는 곳을 선택하는 것이 좋다. 이렇게 1차로 거른 후, 궁금한 점을 정리해 1회 유료 상담을 받아보면 판단에 도움이 된다. 약 100만 원의 비용이 들기는 하지만, 돈과 시간을 아끼는 합리적인 방법이다.

다음으로 살펴볼 그룹은 '공동사업 제안자'들이다. 사업이 어느 정도 자리를 잡기 시작하면, 자본을 보유한 쪽에서 이런저런 유혹을 해오는데, 초반에는 선심 쓰듯 접근해 오다가 어느 순간부터 지분을 가르자고 한다거나, 브랜드 자체를 인수하려고 한다.

나도 이름만 들으면 알만한 프랜차이즈 본사에서 마케팅 비용 1억 원을 지원해 줄 테니, 지분과 수익을 5:5로 나누자는 제의를 받은 적이 있다. 처음에는 솔깃했지만, 만일 그때 수락했다면, 지금의 나는 없을지도 모른다. 가족 사이에도 동업을 하면 갈등이 생기기 마련인데, 잘 모르는 대상과 손을 잡아서 순항하기란 어렵기 때문이다. 특히, 초보 사장들은 쉽게 휘둘리기 쉬워서 브랜드만 뺏기고, 쫓겨나는 사례가 많다. 당연히 계약서상으로 명확하고, 합리적인 투자 구조가 명시되어 있다면, 고려해 볼만 하다.

마지막으로 '영업 대행업체'도 주의를 기울여야 한다. 지금 당장 온라인 검색창에 '영업 대행'이라는 키워드만 검색해 봐도 수많은 업체가 나온다. 나도 '가맹점을 더 늘려볼까?' 하는 생각에 알아본 적이 있는데, 이내 시간 낭비임을 깨달았다.

이쯤에서 질문 하나 한다. "영업사원으로 채용된 누군가가 나의 브랜드를 더 잘 이해하고, 설득력 있게 전달할 수 있을까?" 아니다. 심지어 그들은 여러 브랜드를 동시에 관리하고 있다. 그러니 각 브랜드에 대한 애정과 이해도가 떨어질 수밖에 없다. 게다가 성과를 내려면 수익을 남겨야 하는데, 그 부담은 고스란히 가맹점주들이 떠안게 된다. 따라서 가맹비, 교육비 등을 올려야만 하는 구조가 되어, 입점한 점주가 계약 전후가 다르다며 불만을 호소할 가능성이 크다. 이런 리스크를 줄이기 위해서라도, 초기 가맹 상담은 반드시 대표 본인이 직접 하는 것이 좋다. 만일 영업 대행을 해야 한다면, 브랜드 파워가 생기고, 통제할 수 있는 구조가 갖춰졌을 때 해도 늦지 않다.

결론적으로, 창업 초기에는 눈앞의 편함보다는 직접 부딪히며, 경험을 쌓는 것이 중요하다. 시행착오를 줄이려다가 돈과 시간뿐만 아니라 브랜드까지 잃을 수도 있으니까.

성공보다 나에게 맞는 옷을 찾아라

"1년 만에 매출 10억!"
"초기 자본 500만 원으로 건물주 됐어요!"
"6개월 만에 월 3,000만 원 달성했습니다."

최근 자기계발서 또는 SNS에서 쉽게 볼 수 있는 이야기다. 참 멋진 성과다. 하지만 문제는 그게 곧 나의 이야기가 된다는 보장이 없다는 사실이다. 안타깝지만 그 사람이라서 가능했던 경우가 대부분이다. 성공 관련 강의를 들어봐도 마찬가지다. 그러므로 마음을 비우고 시작하는 게 좋다. 아니, 더 정확히는 지금의 그들이 있기까지 무수한 노력과 인내가 있었음을 볼 수 있어야 한다.

바다의 파도를 떠올려 보자. 몰려왔다가 잠잠해지기도 했다가 때로는 엎어지기도 한다. 사업은 이런 파도를 닮았다. 그런데도 많은 사람이 첫 파도에 몸을 실었다가 휩쓸려 나가버린다. 그만큼 장사는 '버티는 힘'이 중요하다. 그리고 그 버팀의 출발점은 결국 '나'다. 그러므로 내가 어떤 사람인지, 어떤 일을 오래 반복해도 지치지 않는지를 먼저 들여다봐야 한다.

그러나 요즘엔 '돈 되는 아이템'이라는 말에 혹해서 자신의 성향과 체질은 전혀 고려하지 않은 채 시작하는 경우가 많다. 내성적인 사람이 카페를 차렸는데, 손님 응대가 너무 힘들어 점점 자신을 갉아먹는다. 체력이 약한 사람이 고깃집을 열었는데, 무거운 식자재를 옮기고, 불 앞에 서 있다가 몇 달 못 가서 허리에 탈이 난다. 감정적으로 예민한 사람이 컴플레인에 시달리다 보면, 사람 자체가 싫어진다. 결국 돈은 조금 벌었을지 몰라도, 자신은 서서히 무너진다.

여기서 알 수 있듯 사업은 단순히 돈 버는 수단이 아니라 멘탈과 체력, 센스까지 총동원되는 영역이다. 특히 한국은 자영업자에게 쉽지 않은 환경이다. 인구 밀도, 소비 패턴, 경쟁 강도 등 어느 하나 만만치 않다. '한국은 자영업의 무덤'이라는 말이 괜히 나오는 게 아니다.

그렇다면 어떻게 해야 할까. 답은 간단하다. 내게 맞는 장사를 찾는 것. 체질에 맞는 장사는 오래간다. 느리게 가더라도, 무너지지 않고 간다. 예를 들어, 사람 만나기를 좋아하는 사람은 작은 가게라도 따뜻한 단골 문화를 만든다. 운영에 관심 많은 사람은 매장을 효율적으로 자동화해서 규모를 키운다. 마케팅 감각이 뛰어난 사람은 SNS로 손님을 끌어모은다.

이처럼 자신에게 맞는 장사는 성장하게 하고, 지속 가능하게 한다. 따라서 창업에 앞서 자기 자신에게 물어야 할 질문은 이것이다. "내가 오래 해도 괜찮은 일인가?", "내가 지치지 않고 반복할 수 있는가?", "이 일이 내게 '지속 가능한' 일인가?" 이 질문에 "YES!"라고 대답할 수 있어야 비로소 출발할 준비가 되었다고 볼 수 있다.

오래 살아남은 사람들의 3가지 공통점

나는 직업 특성상 지금까지 수백 명의 자영업자를 만나왔다. 그 과정에서 특히 오래 살아남은 사람들에게는 몇 가지 공통점이 있었다. 이제부터 그 3가지를 나눠보려 한다.

첫째, 자기 성향을 정확히 안다. 이는 이런 말을 통해서 충분히 파악할 수 있었다. "저는 사람 만나는 걸 좋아해서 홀 중심으로 운영했어요.", "저는 반복적인 시스템을 선호해서 무인 운영 브랜드를 택했어요." 즉, '돈'보다 '성향'을 먼저 고려했다. 아이템이 좋아 보여서, 트렌드에 올라타서 시작하지 않았다. 자신이 오래 견딜 수 있는 방식부터 먼저 점검한 셈이다.

이로써 장사를 '작전'이 아닌 '호흡'으로 받아들이며, 리뷰 하나에도 귀 기울이고, 매일 메뉴를 다듬으며, 직원과의 호흡, 고객 응대의 감도를 항상 정돈한다. 다시 말해, 장사를 '이벤트'보다 '루틴'으로 실천한다. 그래서 빠르게 가지 않고, 오히려 느리게 간다. 단, 개선은 멈추지 않는다. 이로 인해 첫 달 매출이 100만 원도 나오지 않지만, 1년 후엔 단단한 단골층이 생겨 있다. 매일 SNS에 한 줄씩 올리고, 레시피를 다듬고, 서툰 서비스에 집중한 결과다.

물론, 이렇게 조용히, 꾸준히, 오래가는 사람은 드물다. 그러나 장사가 단기전이 아니라 5년, 10년을 함께 가야 할 인생 파트너로 생각한다면, 전혀 서두를 필요가 없다. 그러니 장사를 시작하려 한다면, 이 질문을 스스로에게 던져보자. "이 방식, 이 아이템, 이 구조에서 나는 5년 이상 버틸 수 있는가?" 만일 그 대답이 "YES!"라면, 이미 반쯤은 성공한 것이다. 결국 장사의 진짜 경쟁력은 '속도'가 아니라 '지속 가능성'이다.

둘째, 돈의 구조가 다르다는 걸 안다. "출근이 너무 스트레스예요. 이럴 바엔 나도 가게 하나 차릴까 봐요.", "사장님들은 자유로워 보여서 부러워요." 이런 말을 하는 사람들을 자주 본다.
그런데 정말 그럴까? 회사와 사업의 가장 큰 차이는 '돈이 어디서 나오느냐'에 있다.

우선 회사의 돈은 시스템에서 나온다. 정해진 시간에 출근하고, 주어진 일만 해도 매달 월급이 나온다. 성과가 조금 늦게 나와도, 다음

달 급여는 빠지지 않는다. 쉽게 말해, '성과'와 '수입'이 분리된 구조다. 매출을 만드는 건 영업팀인데 인사팀, 회계팀도 같은 날 월급을 받는다. 회사가 흑자를 내면 성과금도 따라온다. 그건 내가 잘해서가 아니라 '시스템 안에 있어서'다.

하지만 사업은 다르다. '실력'에서 모든 수입이 결정된다. 내 감각, 내 판단, 내 운영이 그날그날의 매출을 만든다. 손님이 없으면 매출은 0원이다. 메뉴 하나 잘못 들여놓으면 재고가 남고,

홍보를 게을리하면 손님이 끊긴다. 예를 들어, A 사장은 프랜차이즈 카페를 열었다. 본사 매뉴얼 그대로 따랐지만, 상권 분석 없이 자리만 보고 입점해 6개월 만에 폐업했다. 반면, B 사장은 개인 브랜드로 덮밥 전문점을 차렸다. 그런 다음 SNS에 하루에 하나씩 콘텐츠를 작성하고, 리뷰에도 직접 댓글을 달았다. 그 결과, 1년 만에 두 번째 매장을 열었다. 똑같은 장사인데도 한 사람은 문을 닫고, 다른 한 사람은 확장한 것이다. 그 차이는 브랜드가 아니라 실력에 있다.

이를 이해하지 못하면, 장사를 시작하고 나서야 처음 마주한 현실에 무너질 수 있다. 그러므로 명심하자. 회사에서는 평균으로도 살아남을 수 있지만, 장사에서의 평균은 곧 적자와 탈진의 시작점이 된다. 가령, 매출이 평균이면, 세금, 인건비, 임대료에 밀려 실제로 남는 게 없다. 고객이 그럭저럭 오면, 재방문 없이 사라지고 만다. 직원 관리를 대충 하면, 팀워크가 금세 무너진다. 그야말로 사업은 평균이라는 단어가 통하지 않는 세계다.

이러한 이유로 가장 무서운 창업 초보자의 상태는 자신이 그동안 시스템 안에서 일해왔다는 사실을 모르고 시작하는 것이다. 이를테면, CS팀으로 근무하던 사람이 "나는 감정 응대에 자신 있어요."라며 장사를 시작했다가 리뷰 하나에 "이건 내가 알던 세상이 아니야……." 하면서 멘탈이 무너진다. 그러고는 몇 달 뒤, 구직 사이트를 기웃거린다. 또 어떤 이는 퇴사하자마자 프랜차이즈 카페를 열었지만, 광고, 노무, 세금 등 익숙지 않은 대상 앞에 좌절하며, "그냥 회사 다닐 걸……."이라며 후회한다.

회사는 당신이 실패해도 망하지 않지만, 가게는 당신이 한 한번의 판단에도 존폐를 결정하기에 생겨나는 감정이다. 게다가 판단, 실행, 분석, 개선까지 모든 걸 스스로 해내야 하니 부담스럽기도 하다. 그래서 이런 질문을 던져봐야 한다. "나는 월급 없이도 생존할 수 있는 실력이 있는가?" 혹 그 상황이 아직 무섭다면, 지금은 준비할 때다.

셋째, 진짜 자유는 돈에서 온다는 걸 안다. 대부분의 사람이 사업을 시작하는 이유가 무엇일까? 개인적으로 "돈을 더 벌고 싶어서.", "자유롭고 싶어서."가 솔직한 동기라고 생각한다. 그런데도 이따금 "돈이 전부는 아니다."라고 말한다. 하지만 돈이 없으면 '선택권'이 사라진다. 꿈, 취미, 사랑 등 내게 소중한 것을 지켜내려면 결국 돈이 있어야 한다는 얘기다. 그러니 돈을 단순히 '욕심'이 아닌 '설계'의 관점으로 바라보면 좋겠다.

참고로 나는 돈을 '개인', '법인', '투자' 이 세 트랙으로 나누어 관리한다. 첫 번째는 '내가 버는 돈'이다. 강연, 컨설팅, 콘텐츠 발행, 책 쓰기 등 지금 하고 있는 모든 활동은 개인이 직접 돈을 벌 수 있는 능력을 키우기 위한 도구다. 두 번째는 '법인이 버는 돈'이다. 법인은 내 통제 아래 있지만, 나와는 별개의 존재다. 법인의 돈을 내 마음대로 입출금할 수 없기 때문에 철저히 분리해야 한다. 그래야 내가 법인의 수익을 위해 움직이고, 법인은 다시 나의 개인 수익을 돕는 구조가 가능해진다. 말 그대로, 서로 상부상조하는 가장 가까운 돈 버는 파트너라고 보면 된다. 세 번째는 '내 돈이 버는 돈' 즉, 투자다. 나는 오래 기다리는 방식의 투자를 선호해서, 부동산, 미국 주식, 비트코인에만 집중하고 있다. 예를 하나 들자면, 2024년 중반에 한 채의 주택을 전세를 끼고 매입했다. 당시 주변에서는 "지금은 비싸다.", "불안하다."라는 말이 많았지만, 입지와 재건축 가능성, 시장 흐름을 고려해 판단한 결정이었다. 그리고 1년 후, 해당 아파트는 4억 원 이상 상승했다. 사실 내가 한 일은 많지 않았다. 그냥 사고, 기다렸을 뿐이다. 그리고 앞으로도 10년은 더 기다릴 생각이다. 그 기다림이 자산이 되어 줄 테니까. 내가 일하지 않아도, 내 돈이 일하는 이 구조가 나에게 자유를 가져다주리라 믿는다.

우리는 자본주의 사회에 살고 있음을 잊어선 안 된다. 아무리 좋은 마음을 갖고 있어도 자본이 없으면, 삶은 '선택'이 아니라 '견딤'으로 흘러간다. 나는 그렇게 되지 않기 위해 개인, 법인, 투자 세 트랙을 구성했고, 이들이 안정적으로 굴러가기 시작하면, 복리는 무섭게 속도를 낼 것이다. 아직 그 무서운 속도를 경험하진 못했지만, 앞서간 사람들의 궤적을 보며 그 방향으로 걸어 나가는 중이다.

퍼스널 브랜딩은 나만의 무기다

많은 사람이 인터넷의 힘이 '정보'에 있다고 생각하지만, 그렇지 않다. 진짜 힘은 비슷한 성향의 사람들이 쉽게 연결되는 구조 즉, '알고리즘'에 있다. 나는 이 구조를 종종 종교에 비유하곤 한다. 특정 관심사를 공유하는 사람들이 자연스럽게 모이는 대표적인 공동체이므로. 이를 염두에 두고, 성경책을 판매하려 한다면 어디로 가야 할까? 당연히 교회다. 그 안에는 이미 성경에 관심 있는 사람들이 모여 있으니까. 이 구조 덕분에 타깃을 설득하는 시간과 비용이 현저히 줄어든다.

이런 모습은 이제 온라인에서도 고스란히 나타난다. 또 그 영향력은 과거와는 비교할 수 없을 정도로 커졌다. 관심사가 비슷한 사람들끼리 언제든지 한자리에 모이고, 즉시 소통할 수도 있다. 내가 퍼스널 브랜딩에 주목하게 된 이유도 여기에 있다.

불과 몇 년 전만 해도 TV나 신문 같은 미디어에 이름을 알리려면 막대한 비용을 감수하거나, 누구도 부정할 수 없는 성과가 있어야 했다. 하지만 이제는 핸드폰 하나만 있으면 누구나 스스로를 드러낼 수 있는 시대가 되었고, 그것만으로도 충분히 경쟁력이 생긴다. 이런 기회가 또 어디 있을까? 그저 내 이야기를 진솔하게 공유하기만 해도 나를 팔로우하는 사람이 생기고, 내 말에 귀를 기울이는 이들이 모인다. 그러면 그 공간이 바로 나만의 플랫폼, 곧 퍼스널 브랜드의 시작점이 된다.

나는 이를 몇 해 전 피부로 체감했다. 중학교 동창을 오랜만에 술자리에서 만났는데, 몇 마디 대화를 나눠보니, 연 매출 300억짜리 회사를 운영하고 있었다. 그런데 이보다 더 놀라웠던 사실은 불과 3년 만에 일군 결실이라는 점이었다. 자세히 들어보니, 출발은 단순했다. 인터넷에서 상품을 소싱해 팔기 시작했고, 유튜브를 통해 사람들과 정보를 나눴다. 그랬더니 모인 구독자가 3만 명. 그중 일부는 컨설팅을 요청했고, 고객의 문제를 듣다 보니 직접 제조하면 되겠다는 생각이 들어 공장을 만들었다고 한다. 그 모든 과정이 연 매출 300억 기업의 발판이 된 것이다.

친구의 이야기를 듣고 나서, 내 주변을 다시 둘러봤다. 빠르게 성장한 사람들은 예외 없이 온라인에서 자신만의 존재감을 드러내고 있었다. 그 모습을 보며 퍼스널 브랜딩을 더는 미룰 수 없겠다는 확신이 들어 SNS라는 흐름 속에 발을 들였다. 그제야 사람도 브랜드도 가만히 있다고 누가 알아봐 주는 시대가 아니라는 사실이 선명해졌다.

한편, 퍼스널 브랜딩이란 '나'를 하나의 브랜드로 만들어, 어떤 분야에서든 가장 먼저 떠오르는 이름이 되게 하는 과정이다. 크게 두 방향으로 나뉘는데, 하나는 인플루언서, 다른 하나는 지도자(멘토)다. 전자는 말 그대로 외모나 말솜씨, 개성 있는 캐릭터로 사람들의 이목을 끈다.

반면, 지도자는 내가 겪은 경험, 내가 쌓아온 정보와 노하우를 나와 비슷한 상황에 있는 누군가 혹은 내가 지나온 길을 앞으로 걷게 될 누군가에게 전달하는 스피커 역할을 한다. 돈을 버는 구조도 다르다. 인플루언서는 광고나 공동구매, 조회 수가 수익의 중심이고, 지도자형은 강의, 컨설팅, 사업 연계가 중심이 된다. 나는 내 성향과 잘 맞는 후자 쪽을 선택해 지금도 그 방향으로 퍼스널 브랜딩을 하고 있다.

그럼, 나의 현재 상황은 어떨까? 이 글을 쓰는 2025년 6월 기준으로 유튜브 구독자 1.9만 명, 인스타그램 팔로워 3만 명을 보유하고 있다. 이로써 유튜브 영상과 인스타그램 릴스를 연동해 광고를 진행하면, 편당 350만 원을 받는다. 참고로 유튜브 구독자가 5,000명일 때 첫 광고를 찍었는데, 250만 원을 받고 이런 생각이 들었다. '내가 이렇게 쉽게 돈을 벌어도 되는 건가?' 세상이 정말 많이 바뀌었구나 싶었다.

이 밖에도 퍼스널 브랜딩을 함에 따라 그 효과를 톡톡히 누리고 있다. 먼저 자영업자 마케팅 툴인 '키엔'이라는 앱을 직접 만들어 운영 중인데, 광고비를 한 푼도 쓰지 않았는데도 현재 회원 수가 5,000명,

멤버십 회원이 100명이 넘는다. 이 역시 내 채널과 콘텐츠를 통해서만 모집된 숫자다. 밀키트 사업 역시 출시 당시 광고비에 전혀 투자하지 않았는데도 매일 10개 이상씩 꾸준히 판매되고 있다. 2025년 초에는 전자책을 출시했는데, 지금까지 누적 판매 금액이 5,000만 원을 넘었다.

이렇듯 퍼스널 브랜딩이 가져다준 영향은 상상 이상이었다. 구독자 중 일부가 자연스럽게 내 브랜드에 방문해 소비를 하는 건 기본이고, 이에 따라 가맹점 광고비가 최소 수백만 원 이상 줄어들었다. 심지어 가맹 문의를 하는 이들은 이미 나를 알고 있어서 신뢰도가 훨씬 높아졌다.

여기서 끝이 아니다. 나는 전문대 출신임에도 조선이공대학교에서 교수로 강의하고 있다. 유튜브를 시작한 이후로 분기에 한 번씩은 꼭 강의 요청이 들어온다. 무엇보다 더 큰 수혜는 좋은 사람들과의 교류가 확장된다는 점이다. 예전 같았으면 구독자 10만, 20만, 30만을 가진 인플루언서들과 편하게 식사 자리를 갖거나 협업하는 일은 상상도 못했을 것이다. 하지만 지금은 서로 품앗이하듯 마음을 나누고, 어쩌면 시장 가치로는 1,000만 원이 넘는 도움을 아낌없이 주고받는 관계까지 발전했다.

내가 이렇게 이야기한다고 해서 자랑으로 받아들이지 않았으면 좋겠다. 그리고 내가 쉽게 돈을 벌었다는 얘기를 하려는 것도 아니다.

오히려 나는 지금까지보다 더 큰 책임감을 느끼고 있다. 광고를 찍을 때는 내 사업이라 생각하고, 꼼꼼하게 검토해 진심을 담아 촬영에 임한다. 앱을 만들 때도 구독자들에게 실질적인 혜택이 돌아갈 수 있도록 무료 기능을 아낌없이 담았고, 밀키트 역시 그저 팔기 위한 상품이 아니라 만족할 수 있는 결과물을 만들고자 노력했다. 전자책은 내가 알고 있는 지식과 경험, 그 안에 녹아 있는 노하우를 빠짐없이 담고자 약 1년 동안 공을 들여 400페이지 넘는 분량으로 정성껏 엮었다. 가맹점이 새로 문을 열 때도 나는 빠지지 않는다. 상담부터 세부 사항까지 직접 챙기며 함께 고민하고, 함께 준비한다. 다만, 외식업만 10년 가까이 해온 나로서는 노동력 대비 수익 구조가 바뀌었다는 게 신기할 뿐이다.

내 사례만 봐도 퍼스널 브랜딩을 해야 하는 이유는 너무 많다. 그럼에도 많은 사람이 이렇게 말한다. "나는 할 줄 아는 게 별로 없어요.", "무엇부터 시작해야 할지 모르겠어요." 그러면서 자신도 모르게 '안 해도 되는 이유'를 찾고 있다. 그러나 전혀 그럴 필요 없다. 영상을 잘 찍지 않아도 된다. 내 유튜브 초창기 영상을 보면, 편집 프로그램을 켜는 장면부터 시작한다. 그게 그대로 아직도 남아 있다.

그러니 가볍게 시작해 보길 바란다. 정보 홍수의 시대에 핵심은 수많은 정보 속에서 누가 스피커가 되어 재가공하느냐이다. 만일 영상이 부담스럽다면, 글부터 써서 올려보자. 디자인은 캔바, 미리캔버스와 같은 디자인 툴을 이용하면 된다. 정보는 인터넷 검색만 해봐도 충분하다. 예를 들어 식당을 한다면, 화구 청소법, 식자재 관리법, 주방 공사 시 주의할 점 등 조금만 시선을 바꾸면 콘텐츠로 만들 재료는 넘쳐난다.

여기에 꾸준함만 더하면 된다. 3개월, 6개월이 지나도 아무도 안 봐주더라도, 구독자가 하나도 늘지 않더라도, 그 시간만 버텨낸다면 반드시 유의미한 성과가 생긴다. 내 말 믿고 딱 6개월만 해보자. 처음은 어렵지만, 익숙해지는 속도는 생각보다 빠르다.

고백하자면 나는 퍼스널 브랜딩을 위해 일주일에 단 4시간만 쓴다. 그런데도 그 영향력은 하루 40시간을 일하는 것만큼의 결과를 만들어내고 있다. 그래서 나는 퍼스널 브랜딩을 하지 않는다는 건 대한민국에서 무주택으로 살기로 결정하는 것과 비슷하다고 생각한다. 선택은 자유지만, 장기적으로는 큰 차이를 만든다. 더욱이 앞으로는 트래픽의 시대이기에 누가 더 많은 트래픽을 모을 수 있느냐, 그리고 그 흐름을 타고 있느냐가 앞으로의 기회를 결정하리라고 본다.

창업은 나 홀로서기다

나는 친형이나 친동생이 그저 그런 직장에 다니고 있다면, 당장 그만두고 사업을 하라고 권할 것이다. 창업만큼 자기 역량을 키우기에 좋은 방법은 없으니까. 단, 하나의 전제가 붙는다. 절대 쉽게 생각해서는 안 된다는 것. 쉽게 보면, 얼마 가지 못해 무너지기 때문이다.

이는 통계청 자료에도 잘 나타나 있다. 자영업자의 80% 이상이 5년 안에 폐업한다고 명시되어 있는데, 이는 곧 10명 중 8명이 창업을 했다가 5년도 못 채운다는 뜻이다. 그만큼 장사로 성공하는 건 말처럼 간단하지 않다. 하지만 아이러니하게도 창업 전에 제대로 공부하고 시작하는 사람은 10명 중 2명도 안 된다. 창업이 무엇인지, 장사가 무엇인지조차 모르고 덤비는 경우가 대부분이라는 말이다.

그렇다면 창업이란 무엇일까? 나 홀로 대표가 되는 일이다. 누구도 대신해 주지 않는다. A부터 Z까지 모든 걸 스스로 해결해야 한다. 그런데도 여전히 인터넷 몇 번 검색해 본 게 전부인 상태에서 창업을 시도하는 사람들을 자주 본다. 심지어 "빨리 돈 모아서 장사나 하면서 편하게 살 거야."라고 말하는 직장인도 적지 않다.

그러나 막상 밖으로 나와 시작해 보면, 현실이 만만치 않음을 깨닫게 된다. 그러고는 이내 포기해 버린다. 대부분이 가볍게 여기고 덤빈 경우다. 나는 이런 사람들에게 차라리 ETF에 투자하든지, 삼성전자 주식을 사라고 하고 싶다. 굳이 실패로 가는 길을 선택하지 말라는 얘기다.

요즘 추구하는 '워라밸'도 창업에는 해당되지 않는다. 적당히 일하면서 삶을 바꾸는 창업은 없다. 하물며 공무원 시험도 몇 년을 걸고 준비하는 마당에, 창업은 그보다 훨씬 더 많은 집중과 몰입이 필요한 일이다. 최소 3년은 자신의 인생을 통째로 걸어야 한다. 그동안 즐기던 취미부터 인간관계까지 장사에 방해되는 모든 요소는 정리해야 한다. 이 정도의 간절함이 있어야, 겨우 기회를 잡을 수 있다.

한편, 나는 현재도 가맹 상담을 이어가고 있는데, 이따금 오토 매장을 염두에 두고 있거나 장사를 너무 쉽게 바라보는 사람들을 만난다. 또 그들은 본인이 가진 자본금을 바탕으로 "이 정도면 이익 나오지 않을까요?"라고 묻기도 한다. 한마디로 장사를 '계산'으로 생각하고 시작한다는 뜻인데, 위험한 착각이다.

물론, 수십억 자본금을 들여 체계적인 시스템을 구축하고, 보수적으로 수익을 설계해 운영하겠다는 계획이 있다면 예외다. 하지만 대부분은 그렇지 않다. 그저 돈만 마련해 놓고, 잘되겠지 하는 막연한 기대만 안고 시작한다. 안타깝지만, 그런 마인드로는 아무리 죽기 살기로 달려들어도 성공하긴 어렵다. 애초에 출발선 자체가 다르기 때문이다. 그래서 나는 분명히 말한다. 이런 생각이라면 창업하지 않는 것이 낫다고. 장사를 가볍게 보면, 성공은커녕 오히려 크게 망할 확률이 더 크다고.

절박함으로 버텨낸 시간은 결국 빛난다

2020년 초, 컨설팅을 해준 고객이 있다. 당시 그의 투자금은 약 1,500만 원이었는데,

현재는 순수익만 월 2,000만 원이 넘는다. 이 말만 들으면 놀라울 수도 있지만, 그 이면에는 말로 표현할 수 없는 노력과 절박함이 있었다.

그는 누가 봐도 간절한 사람이었다. 장사를 하기 위해 직접 발품을 팔며 둘러본 장소만 해도 30군데가 넘었고, 결국 보증금 500만 원, 월세 40만 원짜리 상가를 권리금 없이 기존 시설을 그대로 사용할 수 있는 조건으로 계약했다. 기물도 꼭 필요한 것만 중고로 간신히 들였고, 그마저도 육수 냉장고를 구매할 여유가 없어서 바트에 나눠 담아 냉동 보관해 가며 장사를 시작했다.

심지어 방 얻을 돈이 없어서 매장 한쪽에 매트리스를 깔고 생활하면서 사우나에서 샤워하고, 새벽 배달까지 하면서 하루하루를 버텼다. 그야말로 모든 시간을 장사에 쏟아부은 셈이다. 이런 모습을 바로 옆에서 지켜보면서 안쓰럽기도 했지만, 끝내 성공할 수밖에 없겠다는 확신이 들었다.

이런 나의 믿음대로 장사 초반부터 반응이 좋았다. 오픈하자마자 월 매출 4,000만 원가량을 달성하더니, 이후로는 매달 500만 원 이상

씩 상승했다. 그리고 현재는 월 1억 원의 매출을 내는 탄탄한 가게가 되었다. 당연히 시스템도 잘 잡혀 있다.

여기서 우리가 꼭 기억해야 할 부분이 있다. 투자금이 많다고 무조건 수익이 크게 나는 게 아니라는 점이다. 또 겉으로 봤을 때 장사가 잘되는 매장의 뒷면에는 무한한 노력과 인내가 녹아 있음을 명심해야 한다.

만일 이 사례를 보고도 여전히 '나는 반드시 창업을 통해 성공하고 싶다.'라는 생각이 든다면, 앞으로 내가 공유하는 내용을 참고해 적용하길 바란다. 단언컨대 현실적인 도움이 되리라 본다.

성공적인 창업을 위한 A-Z

4

창업 준비의
모든 것

성공적인 창업을 위한 자금 및 세금 전략

이번 PART에서는 창업을 준비하면서 반드시 갖춰야 할 부분들을 하나하나 짚어보려 한다. 모두 내가 현장에서 직접 부딪히며 얻은 노하우이니, 창업을 앞두고 있다면 꼭 참고하여 보다 순조로운 출발을 하길 바란다.

본론으로 들어가기 전, 질문부터 하나 한다. 창업하는 데 가장 필요한 건 무엇일까? 바로 '자금'이다. 하지만 창업 초기에 자금이 모자라 발목 잡히는 경우가 꽤 많다. 특히 장사를 처음 시작하는 사람일수록 자금 계획은 현실적으로 접근해야 한다.

이러한 이유로 현재 회사에 다니고 있다면 반드시 제1금융권에서 대출을 받아둘 것을 당부한다. 왜냐하면 퇴사 후에는 소득 증빙이 어려워 대출이 어려워지기도 하고, 예상보다 자금이 더 많이 들어가는 경우가 많아서, 최소 3~6개월 정도의 운영 자금을 확보한 후에 오픈하는 것이 좋다.

물론, 아래와 같은 정부 금융기관을 통해서도 대출을 받을 수는 있다. 다만, 기관마다 요구하는 요건이 다르고, 일정 수준 이상의 수입이 있어야 심사가 통과된다. 그중에서도 신용보증재단은 대표적인 기관으로, 영업일 기준 3개월이 지나야 대출 신청이 가능하다. 대신 이율이 2~3% 수준으로 저렴해서 자금 조달 창구로 매우 유용하다.

1	신용보증재단
2	서민금융진흥원
3	소상공인진흥공단
4	중소벤처기업진흥공단
5	신용보증기금 *매출이 높아지면
6	기술보증기금 '재조업 등 유리

자영업자 대출 권장 순서

이런 기관을 활용하려면 관계 형성이 중요하다. 해당 지역 담당자와 자주 교류하고, 얼굴을 익혀두면, 이후 더 많은 정보와 기회를 얻을 수 있다. 실제로 나는 신용보증재단에서 7,000만 원까지 대출을 받은 경험이 있다. 일반적으로 3,000만 원 선에서 끝나는 경우가 많지만, 여러 차례 발품을 팔고 지속적으로 교류한 끝에 타 은행과 연계하는 방식을 안내받을 수 있었다.

또 한 가지 기억해 둘 점은 앞서도 말했지만, 이러한 정부 기관들은 부정행위를 방지하기 위해 6개월~1년 사이에 담당자 보직 이동이 자주 발생한다는 점이다. 그러므로 담당자가 바뀌기 전, 또는 예산이 풀리는 연초와 연말을 잘 활용하면, 자금 확보에 유리하다.

자금 관련 문제가 해결되었다면 세금 관리에 대한 전략도 세워야 한다. 우선 사업자등록을 하려면 '부가가치세 유형'을 선택해야 하는데, 간이과세자로 신고할 것인지 일반과세자로 신고할 것인지 고민이 된다. 결론부터 말하면 초기 투자 금액에 따라 달라지는데, 초기 투자비용이 작다면 간이과세자, 크다면 일반과세자가 유리하다. 쉽게

장점	낮은 세율
단점	낮은 환급, 1년에 한 번 신고

장점	높은 환급
단점	높은 세율, 1년에 두 번 신고

과세자 별 장단점 비교

말해, 투입 자금이 적고 간편한 세무 처리를 원한다면, 간이과세자가
낫다. 환급받을 게 적기 때문이다. 반면, 권리금, 인테리어, 기물비 등
투입 금액이 크면 매입 부가세 환급액도 많으므로 일반과세자가 유
리하다. 조금 더 현명하게 과세 유형을 선택하고 싶다면, '나는 어떤
구조로 사업을 할 것인가?'에 대한 답을 먼저 생각해 보면 도움이
된다.

한편, 사업자에게 '카드 사용'은 세금 관리의 핵심이다. 하지만 장
사를 하다 보면 현금영수증을 일일이 챙기기 어려운 경우가 많다. 그
래서 사업자 카드를 홈택스에 등록해 두는 게 중요하다. 이렇게 하면
매입 자료가 자동으로 저장되어서 세무 신고도 수월하고, 부가세 환
급도 깔끔하게 처리된다. 작은 팁 하나를 더하자면, 핸드폰 및 인터넷
요금, 포스기 렌탈비 등은 신용카드 자동이체로 설정하고, 차량을 구
매하거나 리스·렌탈할 때는 사업자 명의로 세금계산서를 발급받으
면 부가세 환급이 가능하다. 이렇게 초기부터 정리된 습관을 들여놓
으면, 분기별 세금 신고가 훨씬 간편해지고, 이 차이는 나중에 수백만
원 단위의 비용 차이로 이어진다.

끝으로 청년 창업자라면 반드시 챙겨야 할 혜택 중 하나가 바로 '세
액 감면' 제도다. 수도권 과밀억제권역 내 지역(서울 전역, 경기도 대부분
등)은 소득세 50% 감면, 그 외 지역은 100% 감면을 받을 수 있다. 대
상은 만 15세부터 만 34세까지로 군 복무 기간에 따라 연장될 수 있
으며, 생애 첫 창업자 또는 기존 사업과 다른 업종으로 창업한 경우

가 해당된다. 다만, 기존 업체를 인수한 경우에는 창업으로 보지 않는다.

하지만 예외가 있다. 양도·양수 비용이 창업 비용의 30% 이하일 경우에는 창업으로 인정되며, 세액 감면 대상이 될 수 있다. 또한, 사업 승계나 상속, 본인이 하던 사업을 법인 전환한 경우, 폐업 후 동일 업종으로 재창업한 경우 등은 감면 대상에서 제외된다.

한 가지 중요한 점은 업종이 다르면 업종마다 각각 5년씩 세액 감면을 받을 수 있다는 점이다. 예를 들어, 푸드트럭을 5년간 운영한 후 한식당으로 창업하면, 다시 5년간 감면 혜택을 받을 수 있다. 실제로 이 제도를 잘 활용하면 수억 원, 많게는 수십억 원까지 절세 효과를 기대할 수 있다.

주의할 점도 있다. 유흥주점, 카페는 세액 감면 대상에서 제외된다. 그러나 예외적으로 카페를 제과점으로 등록하면, 소득세 감면 대상이 될 수 있다. 마찬가지로 주점을 한식점으로 등록하거나 펍을 외국식으로 등록하면, 감면 혜택을 받을 수 있다. 정확한 업종 등록명이 중요한 이유다.

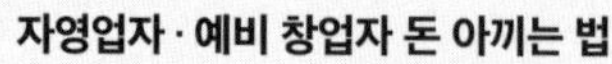

이처럼 사업 아이템은 같더라도 어떻게 등록하느냐에 따라 세금 혜택이 달라질 수 있다. 따라서 처음부터 전략적으로 접근하는 것이 필요하다.

장사의 시작을 알리는 등록과 신고

음식점 창업을 준비하는 경우, 사업자등록뿐 아니라 영업신고, 소방 관련 공사, 보험 가입 등 신경 써야 할 항목이 많다. 이에 따라 서류를 한 번에 준비하지 못해 구청과 세무서를 몇 번씩 오가게 되는 경우도 있어서 창업 전에 꼭 확인해야 할 서류와 절차들을 순서대로 정리해 본다.

우선 가게를 오픈하려면 '사업자등록증'을 발급받아야 한다. 직접 세무서에 방문하거나 홈택스를 통해 온라인으로 신청할 수 있는데, 필요한 서류는 아래와 같다.

- **세무서 방문 시**: 대표자 신분증, 임대차계약서, 사업자등록신청서, 영업신고증, 동업계약서 및 지분관계 등록 필요(2인 이상 동업일 경우, 지분이 더 많은 쪽을 대표자로 신청)
- **홈택스 이용 시**: 홈택스 로그인 → [국세증명·사업자등록 세금관련 신청/신고] → [개인사업자 등록 신청] 선택 후 진행

또 사업자등록증을 양수·양도할 때는 양수자는 신분증, 임대차계약서, 사업자등록신청서, 영업신고증을, 양도자는 인감증명서와 인감도장이 찍힌 양도양수신청서를 지참해야 한다. 양도자와 양수자가 함께 세무서에 방문한다면 당일 처리가 가능하다.

이렇게 발급받은 사업자등록증은 사업 개시 전 또는 사업을 시작한 날로부터 20일 이내에 반드시 등록해야 한다.

다음으로 '영업신고증'도 발급받아야 하는데, 아래의 서류가 필요하다.

1. 신분증, 영업신고서

2. 임대차계약서

3. 위생교육수료증, 보건증(건강진단결과서)

4. 안전시설 완비증명서(소방필증, 다중이용업소에 해당하는 경우)

이를 구비해 관할 시·군·구청의 보건위생과나 환경위생과에 방문하면, 영업신고증을 발급받을 수 있으며, 양도·양수를 할 경우에는 양도인은 신분증, 영업신고증 원본, 식품영업자지위승계 신고서, 양도양수확인서를, 양수인은 신분증, 임대차계약서, 위생교육수료증, 보건증을 갖춰야 한다.

사업자 등록증 내는 방법

한편, 음식점은 다중이용업소에 해당한다. 이는 불특정 다수가 이용하는 시설 중 화재 등 재난 시 피해 우려가 높은 업종을 말하는데, '화재배상책임보험'에 반드시 가입해야 한다. 여기에는 음식물책임보험도 포함되어 있어서 식중독 이슈에서도 자유롭다. 실제로 식중독이 발생했더라도 30만 원만 부담하면, 보험사에서 합의를 진행한다. 이 밖에도 손님이 다치거나 물건이 손상되는 등의 상황에서도 보험사를 적극 활용할 수 있다. 평균 20평 기준으로 1년에 20~30만 원 정도가 발생한다.

소방공사도 반드시 이행해야 한다. 소방공사가 되어 있지 않으면

영업 허가를 받을 수 없으니 결코 빠트려서는 안 된다. 비용은 30평 기준으로 약 100~150만 원 정도이며, 업종을 변경하거나 구조를 변경하게 될 시 새로 해야 할 수도 있다. 다만, 상가가 지상과 직접 연결되는 경우는 이 규정에서 제외된다.

1	건축물 현황도 중 '배치도'	대지의 경계, 조경면적, 공개공지(공간), 건축선, 건물 배치 현황, 옥외 주차 현황, 대지에 직접 접한 도로를 포함한 도면으로, 건축행정시스템 세움터에서 발급받을 수 있다.
2	건축물 현황도 중 '평면도'	구조 현황을 포함한 도면으로, 옥외 영업장의 위치 및 면적을 표시한 서류이며, 건축행정시스템 세움터에서 발급 받을 수 있다.
3	등기사항 증명서(등기부등본)	해당 건물 또는 토지의 소유자를 확인할 수 있는 서류로, 인터넷 등기소에서 발급 가능.
4	사용계약서	옥외 영업장의 공간에 대해 소유주의 승인 여부를 확인할 수 있는 서류.
5	집합건물일 경우 옥외 장소에 대한 전용 사용 부분 확인 서류	공용부 사용 권한을 확인할 수 있는 집합건물 관리단의 승인 필요.
6	점용 허가증	도로 등 공공용지일 경우, 소재지, 면적, 점용 목적, 점용 기간 등이 명시된 허가증 필요.
7	옥외 영업장 시설 사진	1번과 2번 서류를 확인할 수 없는 경우나, 건축물 대장이 없고 등기사항 증명서만 존재하는 경우에 제출해야 한다.

옥외 영업 신고를 위한 서류리스트

끝으로 가게를 오픈하기 전에 신청할 항목으로 '옥외영업신고'가 있다. 길을 걷다 보면 종종 상가 앞쪽으로 포장마차 형태로 영업하는 곳이 눈에 띄는데, 이 경우가 구청에 옥외영업신고를 하고 장사하는

케이스다. 테라스 면적에 따라 다르지만, 테이블 공간을 확보함에 따라 추가 매출을 올릴 수 있는 장점이 있다.

필요한 서류는 위와 같은데, 신고 형태에 따라 구비 서류는 달라질 수 있다.

만일 추가 비용을 알고 싶다면 미리 체크해 두고, 도시가스가 들어오지 않는 지역일 수도 있으니 사전에 파악해두면 좋다.

매장 계약 전 꼭 확인해야 할 4가지 체크리스트

매장은 한 번 정하면 이전하거나 폐업할 때까지 사용하는 공간인 만큼, 계약 전까지는 신중한 검토가 필요하다. 그럼에도 불구하고 이후에 놓친 부분이 생길 수 있으니, 아래 항목들을 꼼꼼히 확인해 자신에게 가장 적합한 장소를 선택하길 바란다.

우선 '창고 공간'이 별도로 미련돼 있는지 살펴보자. 약 34평 규모의 창고가 있다면, 20평 매장 기준 월세 200만 원일 때, 3~40만 원 상당의 비용을 절감하는 효과를 기대할 수 있다. 아울러 계약에 앞서 임대인을 통해 건물주의 성향이나 건물 상태, 기존 하자 여부 등을 파악하고, 관련 사항은 사전에 조율해 두는 것이 좋다.

다음은 '가스 유형'이다. LPG인지 도시가스인지를 꼭 확인해야 한다. 중요한 이유가 있다. 예를 들어, 월 매출 5,000만 원 수준의 매장에서 도시가스 비용이 월 40만 원 정도 발생한다면, LPG를 사용할 경우 약 80만 원이 들 수 있다. 고정비 차이가 큰 만큼 월세가 다소 높더라도 도시가스가 인입된 상가가 유리하다. 단, LPG는 별도의 배관 공사 비용이 들지 않는 반면, 도시가스는 약 30~250만 원의 설치 비용이 발생할 수 있다. 도시가스 여부는 해당 주소지를 관할 도시가스 회사에 전달해 확인 가능하다.

또 하나 확인할 요소는 '수압'이다. 약할 경우에는 가압펌프 설치로 해결할 수 있으며, 이는 수도계량기와 분리해 설치한다. 가격은 20만 원대부터 다양하니, 사용량에 따라 적절한 제품을 선택하면 된다. 수압이 약하면 전반적인 업무 효율이 떨어질 수 있으므로 반드시 점검하길 바란다.

끝으로 '전기 증설'의 이력을 알아보자. 기본적으로 상가는 5kW까지 전기를 무료로 사용할 수 있으며, 그 이상부터는 kW당 약 10만 원의 증설 비용이 한국전력에 부과된다. 계약 전, 해당 상가에 과거 증설 이력이 있다면 그 범위 내에서는 추가 비용 없이 사용 가능하다. 예를 들어, 이전에 카페를 운영하던 사장이 10kW로 증설해 놓았다면, 새로 입주하는 사람도 동일한 용량까지는 별도의 부담 없이 전기를 쓸 수 있다.

반면, 5kW에서 15kW로 올려야 하는 경우라면 약 10만 원의 추가 비용이 든다. 그러니 계약 전에 한국전력에 문의해 상가 주소를 전달하고, 현재 가능한 전력 용량을 꼭 확인하길 권한다.

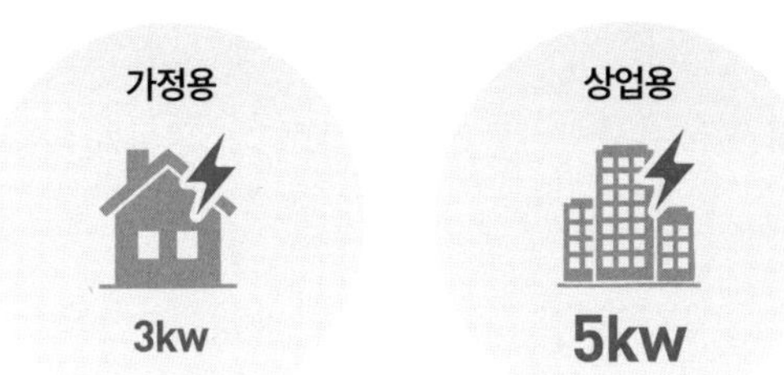

가정용 전력량과 상업용 전력량

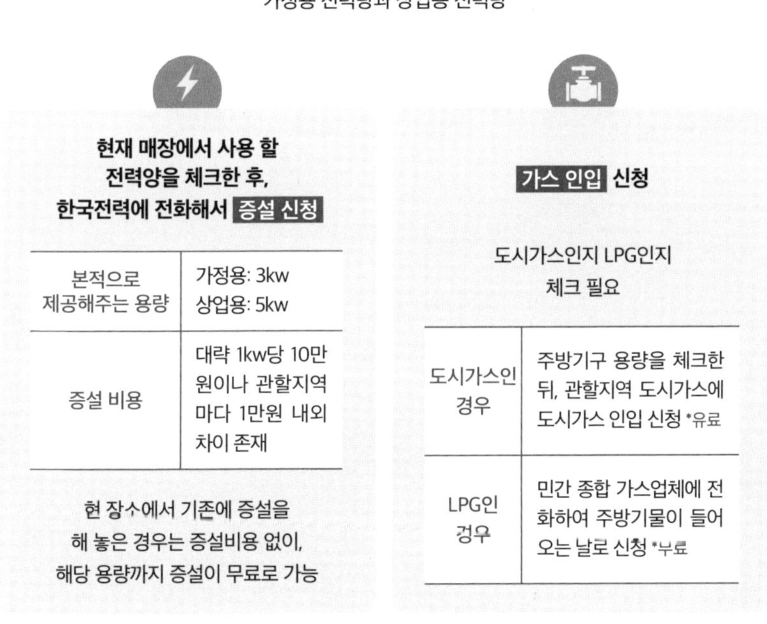

상가 계약 시 필수체크사항

이쯤에서 전기를 25kW로 증설했을 때, 어느 정도 전력을 감당할 수 있는지 계산해보자. 이때 기억할 숫자는 '450'이다. 하루 15시간씩 한 달간 가동할 경우, 계약 전력 25kW 기준으로 월간 약 11,250kWh

까지 쓸 수 있다는 의미다. 예를 들어, 전자레인지 2대는 4.4kW, 수직 냉장 쇼케이스 3대는 0.6kW, 키오스크·간판 등 기타 전자 장비는 약 1kW, 전기밥솥 2대는 2.86kW, 스탠드형 에어컨은 14kW, 식기세척기는 4kW, 냉장·냉동고는 0.4kW가 필요하다. 이들 모든 장비를 동시에 작동하면 순간적으로 약 27.26kW가 소요된다. 이를 기준으로 하루 12시간씩 풀가동한다고 가정하면 일간 사용량은 약 327.11kWh, 한 달로 환산 시 총 9,813.58kWh 수준이 된다. 이 계산에 따르면 25kW 증설 시, 안정적인 사용 가능 범위는 약 21.8kW이며, 실사용에서는 모든 장비가 동시에 작동하는 경우가 드물기 때문에 20kW만으로도 충분한 운영이 가능하다.

안전용량 계산식 한달 총합 = 9813.5 / 450 = 21.8kw

	기기명	사용 전력 (kW)	가동 시간 (시간/일)	하루 사용량 (kWh)	한 달 사용량 (kWh)
1	전자레인지 2대	4.4	12시간/30일	52.8	1584.0
2	수직 냉장 쇼케이스 3대	0.6	12시간/30일	7.19	215.99
3	키오스크와 기타	1.0	12시간/30일	12.0	360.0
4	전기 밥솥 2대	2.86	12시간/30일	34.32	1029.59
5	스탠드 에어컨	14.0	12시간/30일	168.0	5040.0
6	식기세척기	4.0	12시간/30일	48.0	1440.0
7	냉장냉동고	0.4	12시간/30일	4.8	144.0
8	합계	27.26	12시간/30일	327.11	9813.58

전기사용량 계산 예시

한편, 정격 용량을 초과하면 차단기가 내려가거나 누진 요금이 발생할 수 있으므로, 각 장비의 전력 소모량을 면밀히 계산해 알맞은 증설 범위를 산정하는 것이 중요하다. 특히 업소용 식기세척기, 대형 에어컨, 오븐처럼 삼상 전원을 요구하는 장비는 별도의 차단기를 개별 설치해야 안전하다.

만약 24시간 운영하는 업장이라면, 한국전력에 '720시간 특례'를 신청해 한 달 기준치를 24시간×30일로 설정하면, 초과 요금 부담을 줄일 수 있다. 기기의 소비 전력은 네이버 검색이나 납품업자 문의를 통해 확인 가능하므로, 사전에 꼼꼼히 점검해 두는 것이 좋다.

초보 사장이 권리금으로 손해 보지 않는 법

창업 비용 중 가장 오해를 많이 받는 항목이 권리금이다. 많은 초보 창업자가 '나도 나중에 권리금 받고 나올 수 있겠지.'라는 막연한 기대를 품고, 높은 권리금을 깅딩하는 모습만 봐도 알 수 있다. 또 좋은 자리를 잡고 싶다는 욕심에 예산을 초과해서라도 계약을 진행한다. 하지만 권리금은 감정이 아닌 계산으로 접근해야 한다. 즉, '받을 수 있을 것인가'가 아니라, '회수할 수 있는 구조인가'를 따져봐야 한다는 뜻이다. 이에 권리금의 구조와 판단 기준 그리고 협상 전략까지 현실적인 기준으로 짚어보려 한다.

'권리금'이란, 부동산이 가지는 특수한 장소적 이익의 대가로 임차인이 임대인에게 지급하는 금액이다. 여기에는 바닥권리금, 영업권리금, 시설권리금 총 3개의 유형이 있는데, 각 특징이 다르다.

첫 번째로 바닥권리금은 상권이 뛰어난 A급 자리에 붙는다. 업종을 막론하고 장사가 잘되는 자리라면, 권리금이 당연히 따라붙는다. 물론, 마케팅과 브랜드 기획에 능하다면, 바닥권리금 없는 C급 상권에서 성공할 수도 있다. 하지만 지금은 옛날과 달라서 장사 잘하는 사람이 좋은 자리를 먼저 고른다. 초보 창업자라면 자리가 실력이 되어주는 바닥권리금 매장이 실패 확률을 줄여준다.

두 번째로 영업권리금은 순이익 기반이다. 보통 최근 12개월간의 실수익을 기준으로 산정한다. 2015년쯤만 해도 매출을 과장해 부풀리는 사례가 많았지만, 지금은 카드 결제 비율이 높아 실제 매출을 확인하기가 수월하다. 가장 확실한 방법은 인수 전 1~3개월간 해당 매장에서 직원으로 일해보는 것이다. 손님 수, 객단가, 매출 흐름을 직접 체감해 보면 정확한 판단이 가능하다.

마지막으로 시설권리금은 말 그대로 시설에 들어간 비용이 기준이된다. 따라서 인테리어, 주방, 기물 상태를 꼼꼼히 따져야 한다. 예를 들어, 주방과 바닥이 멀쩡하다면 4~500만 원은 절약되는 셈이다. 또 냉장냉동고 같은 고가 기물도 쓸만하다면, 같은 업종일 경우 간판만 교체하고 장사를 시작해도 충분한 경우가 많다. 개인적으로 시설권리금 1,000만 원을 지불하고, 6~7,000만 원으로 예상했던 초기 비용을 1~2,000만 원 수준으로 줄이는 창업 방식을 가장 선호한다.

이런 권리금이 형성된 조건 좋은 매장이라 하더라도 사장 입장에서는 하루라도 빨리 매장이 나가는 게 우선이다. 그래서 권리금 협상은 생각보다 간단하게 풀릴 수 있다. 예를 들어, 권리금이 4,000만 원인데 내가 가진 예산이 2,800만 원이라면, "지금 바로 계약금 2,000만 원 입금이 가능하다."라고 조건을 제시해 보자. 이런 식의 접근은 의외로 긍정적인 반응을 끌어낼 확률이 높다. 한마디로 권리금 조정의 핵심은 빠른 결단과 확실한 조건 제시로, 실제 현장에서 이것이 전부인 경우도 많다. 단, 계약금 입금 전에는 반드시 체크해야 할 부분들이 있다.

첫째, 상가 임대차계약서를 반드시 작성해야 한다. 권리금을 입금했는데, 집주인이 갑자기 월세를 올리겠다고 하는 경우가 많기 때문이다. 그러니 계약서 작성 없이 권리금부터 입금하는 일은 피하자.

둘째, 잔금을 치르기 전에 건물 공과금이 모두 납부되었는지 확인해야 한다. 만일 이를 체크하지 않아 수도세, 전기세, 가스비 등이 미납된 채로 양도되면 자칫 미납분까지 떠안을 수 있다.

셋째, 건물의 하자나 문제는 계약 전에 미리 협의해야 한다. 대부분의 건물주는 계약 후에 생긴 문제에 대해서는 책임을 회피하니, 사전에 건물 상태를 꼼꼼히 점검하고, 임대인과 구두가 아닌 문자나 서면으로 협의해 두는 게 안전하다.

한편, 권리금을 지불할 때는 반드시 지불할 만한 근거가 있어야 한다. 예를 들어, 권리금이 1억 원인 A 매장과 0원인 B 매장이 있다고 해보자. 많은 창업자가 '나도 나중에 권리금 받고 나올 수 있겠지?'라는 기대를 하지만, 이는 잘못된 판단이다. 실제로 나는 강남 본점 매장을 권리금 0원에 인수했고, 지금은 약 2.5억~3억 원의 권리금이 형성되어 있다. 하지만 이 매장도 내가 나올 때, 누군가 그 금액을 지불할 수 있느냐는 별개의 문제다. 다시 말해, 권리금은 회수가 아니라 추가 수익일 뿐이다. 따라서 애초에 되팔 수 있다는 가정은 하지 않는 게 좋다.

그렇다면 권리금이 1억 원인 A 매장이, 0원인 B 매장보다 어느 정도 더 벌어야 같은 조건에서 손익분기점이 맞을까? A 매장은 B 매장보다 매달 약 555만 원의 순이익을 더 올려야 같은 조건에서 이익을 볼 수 있다. 이를 다시 구체적으로 풀어보면, 월세나 평수가 같다는 가정하에 손익분기점 매출이 5,000만 원이고, 원재료비와 인건비 비중이 60%라고 하면, A 매장이 매달 최소 1,500만 원 이상의 추가 매출을 발생시켜야만 같은 수준의 수익 구조가 된다. 즉, 권리금 1억 원은 매달 1,500만 원 이상의 매출을 확보할 수 있는 조건일 때만 정당화된다. 이런 수치가 뒷받침된다면, 권리금을 주고 들어가는 것이 더 안전한 선택이 될 수도 있다.

운영 효율 살리는 인테리어 포인트

매장 계약을 마쳤다면, 다음 단계는 인테리어다. 이 역시 신경 써야 할 부분이 많다. 특히 공간 안에 무엇을 어디에 설치하느냐에 따라 고객의 동선과 편의성이 크게 달라지기 때문에, 단순히 예쁜 디자인만으로 결정해서는 안 된다. 매장 운영의 흐름, 직원의 동선, 고객의 체류 시간까지 고려한 설계가 필요하다.

먼저 '에어컨'부터 살펴보자. 천장형은 공간을 차지하지 않아 깔끔하지만, 화구를 사용하는 매장에서는 효과가 거의 없다. 열기 대응이 약하기 때문이다. 그래서 고깃집 같은 업종엔 천장형 에어컨은 권장하지 않는다. 예를 들어 25평 규모 매장이라면, 화구가 있는 곳은 30평형으로 5대 이상 필요하고, 카페처럼 열이 적은 업종은 3대 정도면 충분하다. 스탠드형은 일반적으로 평수의 3배 정도 용량이면 충분하며, 천장이 높다면 4배까지도 고려할 수 있다. 화구가 있는 매장은 30평형 4대, 그렇지 않다면 2~3대 수준이면 무난하다.

추가 팁을 몇 개 주자면, 스탠드형을 바닥에서 30cm 정도 높여 설치하면 냉기 순환이 좋아지고, 손님에게 찬바람이 직접 닿는 것도 막을 수 있다. 천장형과 스탠드형을 혼합해 사용하는 것도 방법이다. 참고로 천장형 40평형 1대가 스탠드형 10평형 성능에도 못 미치는 경우가 있어, 다양한 방향에서 바람을 분산시키는 쪽이 유리하다. 혹 에어컨을 중고로 구입한다면, 2019년 이전 모델은 전력 소모가 많아 권장하지 않는다.

　다음으로 '주문 시스템'이다. 요즘은 키오스크와 테이블오더를 활용한 자동 주문 시스템이 일반적이다. 최근에는 배리어프리 키오스크 도입이 의무화되면서, 정부 지원을 통해 저렴하게 구매할 수 있는 방법도 있으니 확인해 보길 바란다. 주의할 점은 무선 테이블오더는 보조배터리를 매일 충전하고, 영업 시작 전에 다시 꽂아야 하는 번거로움이 있다는 것이다. 따라서 가능한 한 유선 설치나 전원 일체형 제품 사용을 추천한다. 서빙 방식에 따라서도 선택이 달라진다. 셀프 퇴식 시스템을 운영한다면 키오스크가, 테이블 서빙을 한다면 테이블오더가 효율적이다. 젊은 층이 많은 상권이라면 QR 오더나 NFC 오더처럼 간단한 시스템만으로도 충분히 대응 가능하다.

키오스크의 장점과 단점

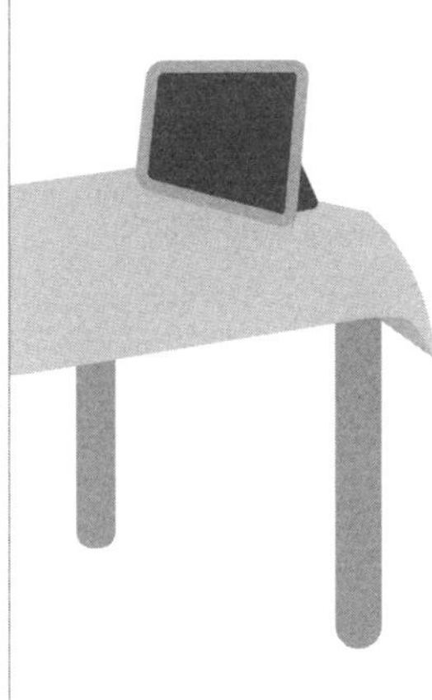

테이블오더의 장점

- 선결제 시스템으로 인건비 절감.
- 빠른 주문 및 결제로 대기 시간 단축.
- 주문 정확성 향상.
- 추가 주문이 용이해 추가 매출 가능.

테이블오더의 단점

- 초기 설치비(전기 작업 등) 비용 발생.
- 유지보수 비용이 발생(한 대당 약 2만 원).
- 손님과 직원 간의 소통 감소로 서비스 질 저하 가능.
- 전기 작업 안되어 있을 시 보조배터리 사용.*매우 불편

테이블오더의 장점과 단점

QR오더의 장점

- 전기선이 필요 없음.
- 매장 QR 코드를 생성하여 메뉴판, 테이블 스티커를 인쇄하여 사용이 간편.
- 생산 비용이 저렴하고, PG 수수료 약 3% 발생(업체의 수익 구조).

QR오더의 단점

- 나이가 많은 고객들이 QR 코드 사용에 익숙하지 않아 추가적인 안내문구가 필요.
- QR 코드가 외부에 노출되면 악의적인 테러(예: 폭탄 주문) 가능성 존재.
- 실제로 경쟁업체가 QR 코드를 악용하는 사례 발생.

QR오더의 장점과 단점

NFC오더의 장점

- 전기선이 필요 없음.
- 핸드폰을 태그에 근접시키기만 하면 빠르게 주문 가능.
- 사용 편리성 높고 보안이 우수(메뉴판 연동이 태그 근접 시에만 작동).
- 일부 업체는 카카오톡 알림 기능, 네이버 리뷰 연동 기능 등을 제공하여 포스 시스템의 혁신 가능.

NFC오더의 단점

- 초기 설치비용이 대략 1개당 6만 원 정도 발생.

NFC오더의 장점과 단점

포스POS 계약도 꼼꼼히 봐야 한다. 특히 PG 수수료를 확인하자. 일부 악덕 업체는 자영업자가 잘 모른다는 점을 이용해 매출의 5%를 수수료로 떼가기도 한다. 일반적으로 카드 수수료는 1~2.5% 선이니, 계약 전 반드시 비교하고 검토해야 한다.

'CCTV'는 설치 방식에 따라 고정비가 크게 달라진다. 직접 설치할 경우, 인테리어 시 전기선을 미리 빼두면 된다. 장비는 온라인 쇼핑몰에서 50~100만 원 사이로 모두 갖출 수 있고, 설치 서비스도 연계되어 있다. 다만, 너무 저렴한 제품은 화질이 떨어질 수 있으니 고려해서 구매하자. 업체를 통해 설치할 경우에는 월 2만 원 수준의 출동 서비스가 포함된 계약을 하게 된다. 보통 3년 계약이며, 중간 해지 시 위약금이 발생할 수 있다. 과거에는 도난이나 긴급 상황 대응 때문에 유용했지만, 지금은 실시간 확인이 가능해서 그 필요성은 줄어든 편이다. 장기적으로 보면 직접 설치가 더 경제적일 수 있다. 장비를 한 번 구입하면 이후 고정비용 없이 관리가 가능한 덕분이다. 물론 장비 선정과 설치는 꼼꼼히 챙겨야 한다.

마지막으로 주방에서 식기 세척량이 많은 매장이라면, 전기온수기 대신 반드시 '가스온수기'를 추천한다. 전기온수기는 공간도 많이 차지하고, 사용량이 늘면 전기요금이 크게 튀는 단점이 있다. 식기세척기는 한 번에 40L 이상 뜨거운 물을 써야 하는데, 전기온수기는 몇 번만 써도 찬물로 그릇을 닦게 되는 상황이 생긴다. 실제 운영에서 그만큼 비용과 효율 차이가 크니, 꼭 참고하자.

하루라도 빨리 알아야 할 거래처 전략

물건을 구매하는 데도 순서와 방법이 있다. 처음 창업을 준비할 때는 대부분 메뉴 개발이나 인테리어에 집중하느라 정작 '물건을 어디서 어떻게 사느냐' 하는 부분은 소홀히 넘어가기 쉽다. 하지만 이 역시 돈과 직결된다. 같은 품목이라도 어디서, 어떤 방식으로 사느냐에 따라 원가는 달라지고, 그 차이가 모이면 수익으로 이어지거나 손실로 돌아온다. 아래는 내가 실제로 매장을 열며 경험한 거래처별 구입 노하우다.

가장 큰 비중을 차지하는 '식자재 거래처'부터 알아보자. 식자재는 한 곳에서 몰아서 구매하는 것보다, 품목별로 나눠 발주하면 유리하다. 보통 인근 식자재 마트, 온라인 쇼핑몰, 식자재 앱(식봄, 미트박스 등) 이 3가지 경로를 활용해 견적을 비교하면서 주문한다. 가령, 닭다리살을 사용한다고 해보자. 마트보다 미트박스 같은 플랫폼의 단가가 더 저렴한 경우가 많고, 채소도 한여름만 피하면 택배로 받는 게 더 낫다. 공산품은 유통기한이 임박한 상품을 활용하면 원가를 절감할 수 있으며, 유통기한이 긴 제품을 대량 구매하면 순이익으로 연결될 수 있다. 한 예로, 마트가 5만 원짜리 20kg 쌀을 3만 원에 살 기회가 생기기도 한다. 이때 10포 구입하면 20만 원이 남는 셈이다.

한편, 대체 식자재에 대한 대비가 필요하다. 여름철처럼 채솟값이 급등할 땐, 플랜 B를 미리 마련해두지 않으면 대응이 어렵다. 또 생선을 취급하는 초밥집처럼 특별한 경우가 아니라면, 굳이 농산물시장에 직접 방문하기보다는 시간과 비용을 아껴 더 효율적인 방식을 찾는 편이 낫다. 이동과 노동의 비용까지 고려하면, 택배 활용이나 대체재 전략이 훨씬 경제적일 수 있다.

'주방 기물 거래처'는 여전히 황학동이 저렴한 편이다. 요즘은 인터넷 공장 직영 제품도 많아졌는데, 냉장고, 화구, 작업대 등은 브랜드가 같아도 견적이 제각각이다. 일부는 외부에서 공수해 오고, 일부는 직접 제작하기 때문이다. 그래서 최소 세 군데 이상 견적을 비교해야 한다. 단, 냉장 기물은 공장과 직거래했을 때 유리한 경우가 많다. 중고로 구매했다가 고장 나면 수리비만 30~40만 원이 들만큼 컴프레셔 상태가 핵심이라서 그렇다. 그 외 기물은 중고도 괜찮다.

'가구 거래처'도 웬만하면 공장과 바로 거래하는 게 이득이다. 같은 제품이라도 납품을 거치면 가격이 20% 이상 차이 나기 때문인데, 실상 차이는 설치를 직접 하느냐, 아니냐 정도다. 그런데 설치도 생각보다 어렵지 않다. 몇 시간만 투자하면 수십만 원을 아낄 수 있고, 테이블과 의자를 수십 개 들여올 때는 그 차이가 훨씬 크게 다가온다.

마지막으로 처음 기물을 살 때 주의할 사항에 대해서도 공유해 본다. 냉장고, 화구, 작업대와 같이 고정형 기물은 매장 동선과 규모에 맞춰 구비해야 하지만, 집기류는 처음부터 다 갖출 필요는 없다. 수저나 젓가락은 좌석 수의 2배, 그릇이나 컵은 1.5배 정도만 구비하고, 이후 상황에 따라 추가 구매하는 게 효율적이다. 특히 카페에서는 디자인이 예뻐 보여 구입한 컵이 막상 용량이나 용도에 맞지 않는 경우도 많다. 집기류는 언제든 추가 주문이 가능하니, 과한 초기 구매는 피하는 게 현명하다.

매장은 유기적인 복합체이다

5

오래가는
가게의 비밀

장사는 예술이 아니라 비즈니스다

장사를 오래 하다 보면 깨닫게 되는 게 있다. "운도 실력이다."라는 말이 있지만, 그 운을 만나기 전에 준비가 되어 있어야 비로소 그게 기회가 된다. 그래서 지금부터는 내가 현장에서 직접 부딪히고, 실천하고, 적용해 본 것들을 하나씩 나누려 한다. 부디 당신에게 실패는 줄이고, 기회는 커지는 시작점이 되길 바란다.

아래는 내가 10년간 장사와 사업을 하면서 쌓은 경험을 바탕으로 만든 '절대로 망하지 않을 기준표'다.

매장은 유기적인 복합체이다.

반드시 필요한 성공 매장의 핵심 5				
매장명				
총점:		수정보완 사항	배점 기준	배점
맛 (20점)	음식의 모양이 먹음직스러운가?		3점	
	재료가 신선한가? (야채 등)		3점	
	대중이 좋아할 맛 인가?		5점	
	메뉴의 가격이 적절한가?		4점	
	메뉴의 특별함(시그니처)이 있는가?		5점	
서비스 (15점)	위생이 청결한가?		4점	
	직원의 서비스가 친절하고, 적극적인가?		3점	
	음식이 적정한 시간에 제공되는가?		3점	
	직원들의 복장과 용모가 단정한가?		2점	
	근무 인원이 적절한가?		3점	
인테리어 (15점)	매장인테리어가 판매되는 메뉴의 컨셉과 어울리는가?		5점	
	인테리어의 컨셉이 현재 트렌드와 맞는가?		3점	
	외부에서 봤을 때 매장이 눈에 띄는가?		4점	
	노후되거나 교체 및 수선이 필요한 곳(에어컨 등)이 있는가?		3점	
상권 (18점)	유동인구가 적절한가?		3점	
	현재 판매되고 있는 메뉴의 타겟층이 적절한가?		3점	
	A.B, C급 입지에서 어느정도 되는거 같은가?		5점	
	접근이 용이한가? (주차장 등)		3점	
	손익이 맞게 들어간 상권인가? (업종마다 다르지만, 통상 10% 미만)		3점	
홍보 및 기타항목 (32점)	매장의 홍보가 적절하게 이루어지고 있는가? (스마트플레이스, 당근, 인스타, 전단지 등)		12점	
	고객과의 온·오프라인 소통이 적절하게 이루어지고 있는가?		5점	
	매장의 스토리가 있는가(진정성)?		5점	
	다시 올만한 이유(포인트 적립 및 쿠폰 등)가 있는가?		5점	
	메뉴판이 제대로(시안성 등) 만들어져 있는가?		3점	
	이벤트 관련 홍보물이 눈에 띄는가?		2점	

80점만 넘는다면 절대 망하지 않을 수 있다.

매장 신규오픈시 Self채점 기준표

시험도 하나만 잘해서 자격증을 딸 수 없는 것처럼, 장사도 하나만 잘한다고 성공할 수는 없다. 따라서 이 표를 기준으로 80점 이상이 되어야 3년 이상 장사를 유지할 수 있다고 본다. 여기에 운이 따라줘야 비로소 어느 정도의 성과와 안정적인 운영이 가능해진다.

실제로 음식점을 다니다 보면, 정말 맛있는 집인데도 장사가 안 되는 경우가 있다. 특히 유명 호텔 셰프 출신이 창업한 매장에서 그런 사례를 종종 본다. 내가 보기엔 "음식만 맛있으면 다 된다."는 착각이 부른 결과다. 물론 음식의 맛도 중요하다. 하지만 기준표에서 해당 배점은 겨우 20점에 불과하다.

	평가항목	이유	배점	점수	합산
맛 (20점)	음식의 모양이 먹음직스러운가?			3점	
	재료가 신선한가? (야채 등)			3점	
	대중이 좋아할 맛인가?			5점	
	메뉴의 가격이 적절한가?			4점	
	메뉴의 특별함(시그니처)이 있는가?			5점	

장사를 한다는 건 예술이 아니라 비즈니스다. 대중을 대상으로 해야만 생존할 수 있다. 만약 셰프처럼 아티스트의 길을 걷고 싶다면 100명 중 5명 안에 들어야 먹고 사는 문제가 해결되고, 백종원처럼 사업가의 길을 선택하면 100명 중 20명 안에만 들어도 된다.

최근 넷플릭스에서 방영한 〈흑백요리사〉를 보면 이 점이 명확하게 드러난다. 거기 나온 유명 셰프 중 상당수가 방송 전에 폐업을 고민 중이었다. 상위 1%도 장사가 어려워 문을 닫을 뻔했다는 이야기다. 그러니 대중을 타깃으로 하는 비즈니스를 해라. 맛에서 18~19점을 받았다면, 이제는 서비스, 입지, 회전율, 원가 관리, 브랜딩 같은 나머지 항목의 점수를 올리는 데 집중하길 바란다. 장사는 시험이다. 균형 잡힌 점수가 결국 살아남게 한다.

메뉴 개발의 효율화로 운영 부담을 줄여라

장사에서 메뉴 개발은 마치 숙제 같다. 나 역시 한때 고객들의 반응을 기대하며, 메뉴 개발에 정성을 쏟았던 적이 있다. 그리고 그 과정에서 하나 깨달은 게 있다. 모든 샘플을 일일이 테스트하는 것은 시간 낭비라는 사실이다. 그럼, 어떻게 하면 시간과 비용을 아끼면서 우리 매장만의 새로운 맛을 선보일 수 있을까? 간편하면서도 맛도 보장되는 메뉴 개발법 몇 가지를 소개한다.

만일 특정 매장에서 맛있게 먹은 떡이 있다면, 그 떡의 포장 뒷면을 확인해 보자. 거기에는 생산 공장 연락처와 주소지가 적혀있다. 직접 전화하거나 찾아가 샘플을 요청하면, 별도의 개발 과정 없이 원하는 퀄리티를 확보할 수 있다.

요즘은 기성 제품의 품질도 꽤 높다. 가령, 마늘 풍미가 강한 데리야키소스를 만들고 싶다면, 시판 제품을 활용해 마늘만 추가하는 방식으로도 충분하다. 직접 제조하는 것보다 훨씬 간편하고, 맛도 더 나을 수 있다. 무엇보다 제조 과정에서 발생하는 비용과 리스크가 줄어든다. 이렇게 메뉴 개발 효율을 높이면, 마케팅이나 운영에 더 많은 에너지를 쏟을 수 있다.

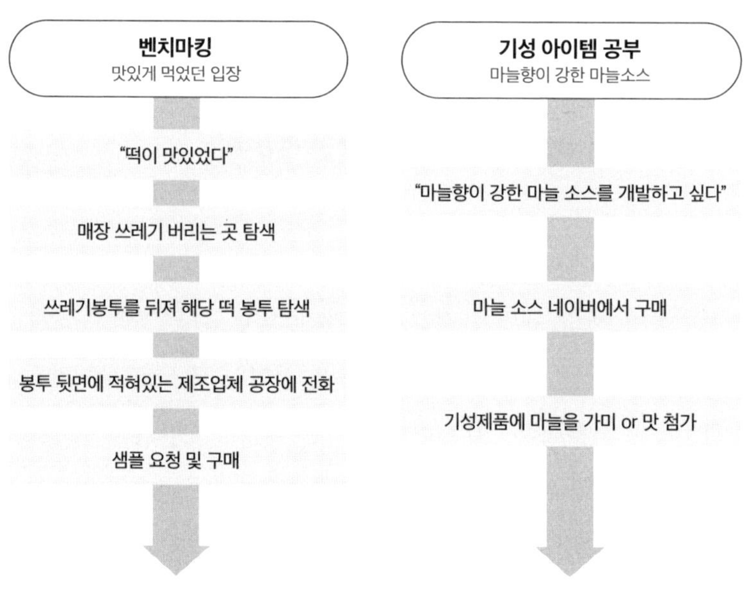

벤치마킹과 기성 아이템 공부를 통한 메뉴개발

한편, 메뉴를 구성할 때 고민되는 부분 중 하나는 원가율이다. 이때 식자재에 대한 이해도가 높을수록 원가율을 낮출 수 있다. 여기에 더해 재료의 낭비를 줄이고, 효율적으로 사용하는 전략이 중요하다. 예를 들어, 사이드 메뉴로 주재료를 소진하는 구조를 만든다면 원가율을 더 낮출 수 있다.

원가율 Down

원가율 Down 전략

최근에는 단순한 원가율보다는 인건비와의 합계를 기준으로 삼는 것이 현실적이다. 내가 권장하는 기준은 '원가율+인건비 = 60% 이하'다. 원가율이 낮으면 손이 많이 가서 인건비가 올라가고, 반대로 완제품 위주로 구성하면 원가율은 다소 높더라도 인건비는 줄일 수 있다.

참고로 내가 운영하는 가맹점 중 한 매장은 원가율 32%, 인건비

15%로 합이 50%도 되지 않는다. 직접 만들지 않아도 되는 구조를 만들어두면 가능한 수치다. 덧붙이자면, 우리가 판매하는 짜글이 메뉴에 들어가는 채소 대부분은 중국산 냉동 제품이다. 놀랍게도 지금까지 손님 중에서 이걸 눈치챈 사람은 한 명도 없었다.

이처럼 장사는 실력으로 증명해야 한다. 원가율에 매몰되기보다는, 어떤 구조로 운영을 효율화할 수 있을지를 먼저 고민해야 한다. 메뉴 개발은 그 시작일 뿐이다.

원가·손익계산 하는 법

시그니처 메뉴는 저가가 되어서는 안 된다

장사를 하면서 가장 많이 고민했던 부분이 있다. 바로 재료비는 낮추면서 매출은 높이는 방법이다. 처음엔 의문이 들었지만 실제로 가능했고, 나는 그 전략을 배달 프랜차이즈 매장 운영에 그대로 적용했다.

초기에는 한 매장에서 3개의 브랜드를 운영했다. 이는 단순히 매출을 올리기 위한 목적뿐 아니라, 재료비 절감을 위한 구조였다. 브랜드가 늘어나면 재료도 많아지고, 손실이 커지리라 예상했지만, 현실은 달랐다. 메뉴는 달라도 공통 재료를 활용하니 재료 손실을 줄이고, 동선까지 효율적으로 관리할 수 있었다.

가게 운영 전략 1

공통: 원가계산

듬뿍짜글이

판매가: 12,000원

반찬+계란찜: 330원

식재료비: 3,126원

원가율: 28.8%

식재료명	용량(g, ml)	단가(g)	가격
고기(전지)	100	8.2	820
김치찌개	600	1.5	900
만능 고추장 소스	20	13	260
계란후라이	1	170	170
밥	220	1.3	286
김가루	15	13	195
일회용 참기름	1	105	105
짜글이 재료	1	390	390

전라도식 고추장돼지덮밥

판매가: 12,000원

반찬+계란찜: 800원

식새료비: 3,511원

원가율: 34%

식재료명	용량(g, ml)	단가(g)	가격
고기	150	12	1800
양파	70	1.9	133
파채	40	2.8	112
밥	220	13	286
참맛기름	20	6	120
만능 고추장 소스	70	13	910
꽈리고추	15	10	150

원가계산 Tip

실제로 나는 계란찜, 반찬 세트처럼 공용 재료를 활용해 교집합 형태로 메뉴를 구성했다. 효율을 높이기 위해 한식 계열 브랜드만 운영했고, 현재는 주요 재료 대부분이 브랜드 간 공유되어서 새 브랜드를 추가해도 별도 재료를 늘릴 필요가 없는 구조를 완성했다. 결과적으로 고정비는 그대로지만 매출은 오르고, 손실은 줄어 마진이 자연스럽게 증가했다.

이런 방식은 브랜드 단위뿐 아니라, 메인 메뉴와 사이드 메뉴 설계에도 적용할 수 있다. 핵심은 같은 재료로 다양한 메뉴를 구성해 낭비를 줄이는 것이다.

한편, 팔수록 손해 보는 시그니처 메뉴는 피해야 한다. 이 메뉴는 가장 좋은 원가율을 가져야 하고, 많이 팔릴수록 이익이 나는 구조여야 한다. 간혹 원가율이 40%가 넘는 시그니처 메뉴를 유지하는 매장을 보는데, 이는 잘못된 운영이다.

또한 시그니처는 사장이 정하는 게 아니라 손님이 결정하는 것이다. 가장 많이 팔리고, 반응이 좋은 메뉴가 자연스럽게 시그니처가 된다. 그리고 손님은 그 메뉴를 통해 가게를 기억하고, 그 기억은 재방문으로 이어진다.

그런데 간혹 시그니처와 미끼 상품을 혼동하는 경우가 많다. 가끔 음식점에서 가장 싼 메뉴를 시그니처 메뉴로 설정하는 경우가 있는데, 그 이유 중 하나가 '비싸면 손님이 안 시킬 것 같다.'라고 생각하기 때문이다. 하지만 시그니처 메뉴는 가게를 대표하는 메뉴로, 단순히 가격이 저렴한 미끼 메뉴와는 다른 개념이다.

이러한 시그니처 메뉴를 선정하는 방법은 간단하다. 여러 메뉴 중 손님들이 가장 좋아하는 메뉴를 업그레이드하면 된다. 만약 테스트할 매장이 없다면, 스스로 가장 귀한 손님에게 무엇을 대접할지 물어보면 답이 나온다. 또 내주기 싫은 메뉴도 중요한데, 그 메뉴는 시그니처와 미끼 메뉴로 사용해서는 안 된다.

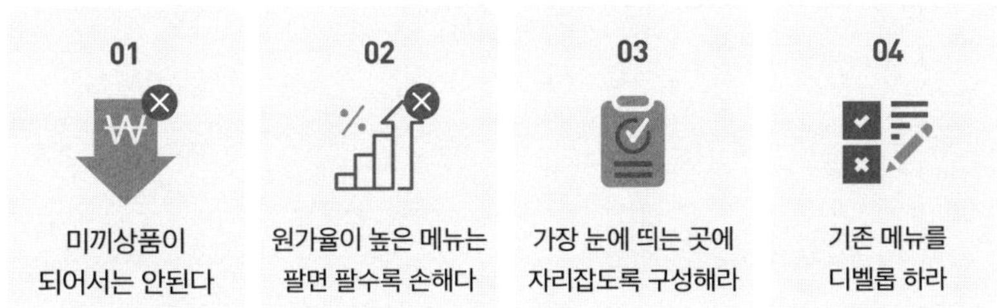

시그니처 메뉴 구성 원칙

한마디로 시그니처 메뉴는 가격보다 가치로 평가받는다. 가격이 조금 높아도 그에 걸맞은 경험을 제공하면, 손님은 반드시 다시 찾는다. 그리므로 손님이 그 메뉴를 통해 가게의 철학과 품질을 체감할 수 있도록 정교하게 정해야 한다. 결국 시그니처 메뉴는 단순히 잘 팔리는 메뉴가 아니라, 가게의 정체성을 담은 메뉴여야 한다. 그리고 손님이 자연스럽게 그 메뉴를 떠올리고, 타인에게 소개할 수 있을 때 비로소 완성된다.

당부한다. 만일 저가 브랜드를 프랜차이즈화 하여 인계할 계획이 아니라면, 저가 메뉴를 시그니처로 만들지 마라.

사장이 매장에 있어야 롱런한다

	평가항목	이유	배점	점수	합산
서비스 (15점)	위생이 청결한가?			4점	
	직원의 서비스가 친절하고, 적극적인가?			3점	
	음식이 적정한 시간에 제공되는가?			3점	
	직원들의 복장과 용모가 단정한가?			2점	
	근무인원이 적절하게 있는가?			3점	

'절대로 망하지 않을 기준표'의 두 번째 항목은 '서비스'다. 이는 사장이 매장에 있으면 만점을 받을 수 있다. 하지만 안타깝게도 간혹 오토매장에서 이 점수를 깎여 무너지기도 한다.

실제로 대기업처럼 철저한 시스템이 갖춰져 있지 않다면, 사장이 매장에 없을 경우 반드시 문제가 생긴다. 그만큼 사장의 역할이 중요하다. 그래도 오토매장으로 운영하고 싶다면, 월 매출 5,000만 원 기준으로 순이익 500만 원에서 많게는 1,000만 원까지는 포기할 각오가 필요하다. 사장이 직접 근무할 경우 순이익이 약 1,000만 원이지만, 오토로 운영하면 0~500만 원 수준에 그칠 수 있기 때문이다. 또한 화장실 청소처럼 사소해 보이는 부분도 반드시 체크리스트를 만들어, 두 명이 교차 확인하는 체계를 갖춰야 한다. 작은 디테일 하나에도 시스템이 잡혀 있어야만 오토매장이 가능한 구조가 된다는 뜻이다.

물론, 소상공인이 이런 시스템을 갖추기는 어렵다. 시스템이 완벽하게 돌아가는 수준이 되어야 오토 운영이 가능하고, 인력이 부족한 상황이라면 결국 사장이 직접 투입될 수밖에 없다. 그런데 작은 매장임에도 서비스의 디테일을 느끼게 해준 몇몇 곳이 있다. 그 경험이 여전히 감동으로 남아 있어 공유해 본다.

첫 번째는 미용실 이야기다. 커트에 들어가기 전, 따로 상담을 받았다. 원하는 스타일, 머리의 특이사항, 감추고 싶은 부분 등에 대해 나누었고, 그 짧은 소통이 큰 만족감으로 이어졌다. 그뿐만 아니라 커피를 들고 있었는데, 스프레이가 튈 수 있다며 잠시 보관해주고, 끝난 후 다시 가져다준 배려도 인상적이었다. 결과적으로 머리도 잘 나왔고, 회원권까지 결제하게 만들었다.

또 하나는 일본의 소고기 전문점에서 있었던 일이다. 기본적인 서비스도 좋았지만, 식사 후 소화에 도움이 되는 효소를 챙겨준 것이 특히 기억에 남았다. 국내에서는 겪어보지 못한 디테일로, 내가 고깃집을 운영한다면 이런 세심함을 반드시 도입하고 싶었다. 만약 술집이라면 숙취해소 드링크 혹은 간 영양제를 제공해도 좋겠다는 아이디어도 떠올랐다.

고기집 식후 서비스로 나온 소화효소

한편, 이런 서비스를 유지하려면, 직원이 오래 근무하는 환경이 마련되어야 한다. 이를 도와주는 정부지원자금으로 청년내일채움공제와 청년일자리도약장려금이 있다. 전자는 시기에 따라 조금씩 다르지만, 일반적으로 2년 후에 만 34세 이하(군필자 만 36세)의 청년에게 약 1,200만 원을 지원한다. 조건이 동일한 A 매장과 B 매장이 있다고 가정해보자. 당연히 청년내일채움공제를 제공하는 매장에서 근무 기간이 더 길어질 확률이 높다. 이 제도를 통해 청년 직원이 2년을 버티게 만들 수 있는 덕분이다. 후자는 만 34세 이하 청년을 고용해 6개월 이상 근무하면 사장에게 최대 1,200만 원을 지급하는 제도인데, 고용보험 기준 5인 이상 사업장이어야 한다.

게다가 이 둘은 동시에 이용할 수 있어서 잘 활용하면, '직원 장기 근속'과 '매장 운영의 안정성' 두 마리 토끼를 잡을 수 있다. 나 또한

이 구조를 사업에 적용했고, 4개 사업체를 운영하던 당시 약 3년간 정부 지원금만으로 약 8,000만 원을 확보할 수 있었다. 이를 통해 아는 것이 힘이 아니라 돈임을 체감했고, 아는 데서 그치지 않고 실천으로 옮겨야 내 것이 된다는 것도 배웠다.

직원관리 팁

인테리어의 핵심은 아이템과의 조화다

'절대로 망하지 않을 기준표'의 세 번째 항목은 '인테리어'다. 대부분의 창업자가 많은 돈을 투자하는 요소이기도 하다. 하지만 비용을 많이 들인다고 해서 꼭 정답은 아니다. 개인적으로 나는 인테리어의 핵심은 내가 팔고자 하는 아이템과 인테리어가 얼마나 어울리느냐에 있다고 본다.

	평가항목	이유	배점	점수	합산
인테리어 (15점)	매장 인테리어가 판매되는 메뉴의 컨셉과 어울리는가?			5점	
	인테리어의 컨셉이 현재 트렌드와 맞는가?			3점	
	외부에서 봤을 때 매장이 눈에 띄는가?			4점	
	노후되거나 교체 및 수선이 필요한 곳(에어컨 등)이 있는가?			3점	

나의 사례를 예로 들어보면, 내가 운영하는 브랜드는 각 지역의 토속 음식을 전라도 스타일로 바꾸어 가성비 있는 식사를 제공하는 데 목표를 두고 있다. 이에 따라 전라도 지역의 특색을 강조하고자 전라도 하면 떠오르는 한옥을 기본 컨셉으로 잡고, 기와와 병풍을 핵심 디자인 요소로 활용했다.

한국 전통, 전주 인테리어 예시

그럼, 이를 참고해 옆의 사진의 인테리어를 살펴보자. 어떤 아이템이 떠오르는가?

적절한 인테리어와 컨셉 1

여기서는 일본식 샤브샤브를 판매하고 있다. 곳곳에 일본 전통 요소를 적절하게 배치하여 마치 일본에 온 듯한 느낌을 준다.

또 다른 예시도 있다. 여기에서는 무엇을 판매하는 게 어울릴까?

그 유명한 '자연도소금빵'이다. 성수점 기준으로 15평 남짓한 공간에서 월 매출 5억 원을 달성하고 있다. 놀라운 점은 주방 면적을 제외한 인테리어 비용이 2,000만 원 내외였다는 사실이다. 가성비 있는 자재를 잘 활용한 대표적인 사례다.

적절한 인테리어와 컨셉 2

이처럼 잘되는 매장들의 공통

점은 아이템과 어울리는 인테리어다. 그렇기에 인테리어는 단순히 공간을 꾸미는 것을 넘어, 해당 음식의 특성과 매장의 분위기를 어떻게 전달할 것인가를 연구해야 한다. 이로써 태국 음식점에서는 태국 음악을, 일본 음식점에서는 일본 음악을 틀고, 소금빵집에서는 갓 구운 빵 냄새가 나게 하는 것이다. 그리고 이 모든 요소가 어우러졌을 때. 인테리어가 완성되고, 오감으로 느끼는 공간이 된다.

그렇다면 인테리어는 어떻게 진행해야 할까? 방식은 크게 두 가지로 나뉜다. 하나는 반셀프, 다른 하나는 턴키 방식이다. 반셀프는 직접 인테리어 업체를 섭외하고, 일부 공정에 참여하는 형태다. 중간중간 현장을 체크하며 신경 써야 하는 일이 많지만, 견적의 약 20%를

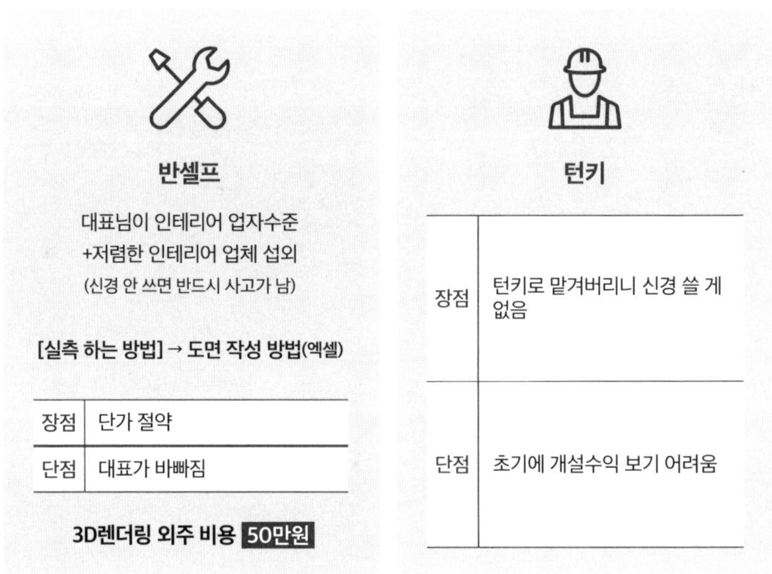

	반셀프		턴키
장점	단가 절약	장점	턴키로 맡겨버리니 신경 쓸 게 없음
단점	대표가 바빠짐	단점	초기에 개설수익 보기 어려움

반셀프와 턴키

아낄 수 있다는 장점이 있다. 반면, 턴키 방식은 전문 업체에 모든 과정을 맡기는 것으로, 비용은 더 들지만 상대적으로 수월하다.

어떤 방식을 택하든, 가장 먼저 해야 할 일은 도면을 그려 시뮬레이션을 해보는 것이다. 기물의 위치가 아직 정해지지 않았더라도, 도면을 기반으로 한 설계와 그렇지 않은 설계는 결과물의 완성도에서 큰 차이가 난다. 반셀프로 진행할 경우에는 손으로 스케치해 크몽과 같은 전문가 플랫폼에 의뢰하면 되는데, 비용은 보통 50만 원 정도다.

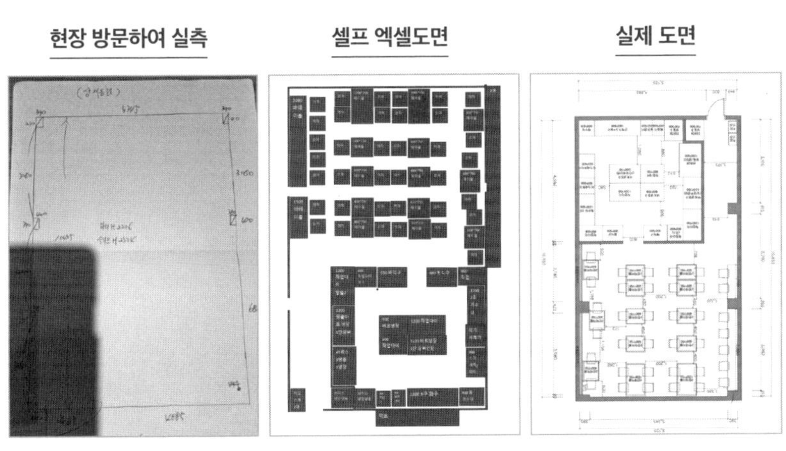

반셀프 예시

이렇게 도면이 준비되면, 각 업체와 조율하면서 인테리어를 구체화해 나가면 된다. 도면 치수는 최대한 정확하게 기재해야 하며, 모든 기물 간 간섭을 피하기 위해 여유 공간을 10~20mm 정도 확보해 두는 것이 좋다. 공정을 진행하면서도 작업자와 수시로 치수를 재확인하고, 소통해야 한다.

시공 업체를 찾을 땐, '○○지역 타일', '전기 공사', '설비 업체' 등의 키워드로 검색하면 된다. 그중 여러 곳에서 견적을 받아 비교한 뒤, 철거업자, 목수, 설비, 전기, 페인트, 간판 시공 순으로 공정을 조율하면 된다.

한편, 반셀프 인테리어에서 가장 중요한 건 기술자 선정이다. 실력 있고 양심적인 기술자를 찾는 것이 전체 성공 여부의 80%를 좌우한다. 이때 의외로 유용한 것이 유튜브다. 오랜 기간 꾸준히 콘텐츠를 올리는 기술자는 실무 경험이 풍부하고, 책임감이 있을 가능성이 높다. 이들과 직접 소통하면서 시공을 진행하는 것도 좋은 전략이 될 수 있다.

무엇보다 놓치지 말아야 할 것이 사후 관리 즉, A/S다. 공개적으로 활동하는 사람일수록 작업을 허투루 하지 않을 확률이 높고, 문제가 생겼을 때도 비교적 책임감 있게 대응해 주는 경우가 많다. 인테리어는 시공이 끝났다고 끝이 아니다. 이것이 신뢰할 수 있는 사람을 선택해야 하는 이유다.

이제 배달을 전문으로 하는 매장의 인테리어 방식에 대해 살펴보자. 업종마다 차이는 있지만, 13평 기준으로 보면 주방은 약 7평 정도가 적당하다. 나머지 공간은 포장 준비, 냉장·냉동고 배치, 일회용품

적재 공간 등으로 활용하면 된다. 기존 매장을 인수한다면 일부 비용을 아낄 수 있지만, 이는 예외적인 경우다. 공실을 기준으로 이야기하자면, 공사 전 반드시 매장 동선을 계획하고 그 흐름에 맞춰 업체와 사전 협의해야 낭비 없는 시공이 가능하다.

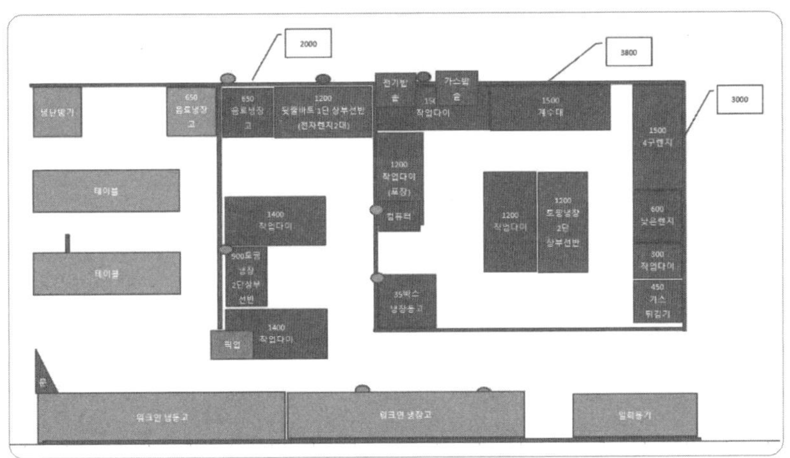

엑셀을 통해 만든 가도면 – 배달매장 예시 1

어떤 인테리어든 순서를 지키는 것이 중요하다. 가장 먼저 철거를 통해 기존 시설물을 제거하고, 그다음 목공 작업으로 구조를 잡는다. 이어서 전기 작업이 들어가고, 조명과 전기선 배선이 포함된다. 금속 작업과 필름·페인트로 마감한 뒤에는 설비 공사와 타일 작업으로 주방과 홀을 정돈하고, 이후 가스·공조 설비(덕트)와 냉난방기, 간판 시공, 각종 인허가 절차를 마무리해야 한다. 마지막으로 인터넷 설치와 준공 청소까지 끝내야 비로소 공간 정리가 완료된다. 이후 가구와 장비, 주방 집기를 배치하고, 사인물 설치와 초도 물품 발주를 마치면 오픈 준비가 끝난다.

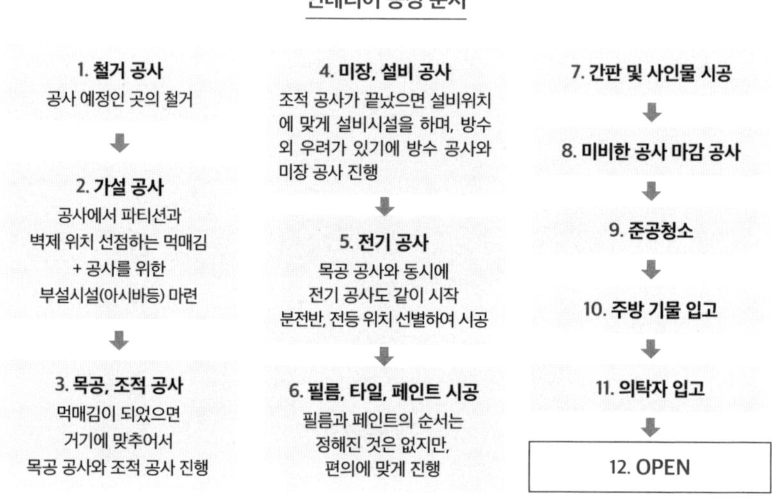

반셀프 예시

이 과정에서 특히 중요한 것이 전기다. 목공을 시작할 때부터 콘센트 위치와 냉난방기, TV, CCTV, 오디오 설치 계획까지 미리 고려해야 낭비가 없다. 동선 설계도 매우 중요하다. 모든 매장은 구조가 달라서 주방 화구 옆에 개수대를 두는 등의 설계가 필요하고, 사용하는 기물의 사이즈를 미리 체크해 두면, 기성 제품을 효율적으로 활용할 수 있어서 예산을 줄일 수 있다.

인테리어 각 항목의 참고할 사항과 금액도 공유해 본다.

돈 아끼는 주방 동선

인테리어
각 항목
참고할 사항

1. 주방 설비 및 타일

주방 설비는 네이버에서 지역명을 포함해 검색하면 업체를 쉽게 찾을 수 있다. 예를 들어, '익산 설비 업체'로 검색해서 견적을 받아보면 된다. 대부분의 설비 업체는 타일 작업자도 동행하므로, 함께 맡기면 된다. 화구가 있는 벽면은 타일 시공이 필수이며, 배수는 75파이 이상으로 시공해야 추후 막힘을 방지할 수 있다. 보통 7평 기준 400~450만 원 정도 든다.

2. 덕트 공사

화구 위치에 맞춰 덕트를 설치해야 한다. 벽면에는 함석을 덧대어 관리가 쉬운 구조를 만드는 게 좋고, 옥상까지 덕트를 올려야 한다면 비용이 크게 늘 수 있다. 단순히 외벽으로 배기를 하면, 냄새 민원이 발생해 재시공해야 하는 상황도 많이 생긴다. 기름이 많은 조리 환경이라면, 기름받이 설치도 고려해야 한다. 3층 기준 약 200만 원 정도가 일반적이다.

3. 전기 공사

전력 증설이 필요한 경우, kW당 10만 원 내외의 추가 비용이 들며, 배전판 용량에 따라 전체 비용은 1~200만 원까지 발생할 수 있다. 조명이나 스피커처럼 설치하고 싶은 기기가 있다면, 미리 구매해 두고 설치 시 요청하면 된다.

4. 페인트 작업

업체에 맡기면 약 100만 원이지만, 직접 하면 재료비만 들고, 비교적 수월하게 마무리할 수 있다. 매장 평수만 알려주면 페인트점에서 필요한 재료를 알아서 준비해 주므로, 시간적인 여유가 있다면 셀프로도 가능하다.

5. 간판 천갈이 및 외부 시트지

기존 간판이 있다면 천갈이만 해도 충분한데, 시트지 작업과 함께 진행하면 대략 60만 원 선이다. 다만, 플렉스 간판은 전구 개수에 따라 비용이 급증할 수 있다. 전구 하나에 8,000원 정도며, 많게는 60개 이상 들어가기도 한다. 따라서 간판 점검 후 이상이 없다면, 굳이 교체하지 않는 것도 방법이다. 새 간판을 설치할 때, 스카시 간판에 간접 조명을 더하는 방식도 추천할 만하다. 사다리가 있다면 인터넷에서 자재를 구매해 직접 설치할 수도 있고, 자재비는 약 30만 원 정도다.

공사해야 할 사항

정리하자면, 배달 매장 인테리어 비용은 13평 기준으로 최소 750만 원에서 많게는 1,200만 원, 상황에 따라 약 200만 원의 추가 비용이 더 들 수 있다. 당연히 셀프로 진행하게 되면 시간과 노력이 그만큼 더 들어간다. 반면, 인테리어 업체에 맡기면 반셀프로 할 때보다 금액이 20~30% 더 오르는데, 1억 원짜리 공사라면 2~3,000만 원 차이가 난다고 보면 된다.

이처럼 더 큰 비용을 지불하는 턴키 방식에서는 무엇보다 '계약서'를 잘 살펴야 한다. 워낙 분쟁이 많은 인테리어 업계라 계약 조건을 꼼꼼히 챙겨야 하는데, 특히 선입금을 40% 이상으로 과하게 요구하는 업체는 피하는 게 좋다. 또 철거만 하고 본공사를 미루거나, 입금 후에는 전화를 잘 안 받는 경우도 흔해서, 중도금은 반드시 나눠서 주고, 공정 단계를 확인하며 지급하는 것을 추천한다. 만일 계약 전에 전적으로 믿기보다 신뢰할 수 있는 업체인지, 책임지고 A/S까지 해줄 수 있는지를 따져봤다면, 절반은 성공한 셈이다.

인테리어 업체 선정 팁 1

 건설면허 및 자격증이 있으면
신뢰도 상승

 래퍼런스 반드시 확인
⋯→ 관련 기업 담당자에게 물어보기

 사업자, 대표자 신분증, 통장사본
반드시 받아놓을 것

 반드시 업체에 시트, 타일, 조명 등의
스펙(제품번호)를 받아놓을 것

꼭 3군데 업체 비교
내가 직접 본 인테리어 업체, 온라인
커뮤니티에서 추천하는 업체, 지인
소개로 소개 받은 업체 견적비교

AS 기간 체크

계약서 작성

공사금액(계약금, 중도금, 잔금) / 공사기간 / 공사대금 지급일 / 공사지체시
지체금 / 하자보수 **관련 AS 내용 등을 반드시 기재하여 작성**
계약금 10% 중도금 30% 30% 나눠서 내는 걸 추천 잔금 30%

인테리어 업체 선정 팁 2

계약서를 쓰지 않을 시

1. 계약서를 쓰지 않았기 때문에
   작업을 끝내야할 의무가 없음.

2. 돈을 받고 철거 작업을 진행했고,
   자재를 구입해서 갖다놓고 공사 시도.

라는 이유로 소송을 해도
**법적으로 처벌대상이
되지 않음.**

특히,
턴키로 모든 공정의 업에 맡기는 경우는,
해당 업체와의 **의사소통이 매우 중요함.**
서로 내용에 오류가 있는 경우 잘잘못을 따지며,
비용에 대한 이야기를 나오면서
틀어지는 경우가 매우 많음.

공사 전,
반드시 사장님들에게도 잘 안내를 하는지?
소통이 잘 되는지? 현장 보고를 잘 해주는지?

반드시 이런내용들을 인테리어업체 선정 전
사전에 소통하기를 바람.

인테리어 업체 선정 팁 3

성공하는 매장은 신중한 상권 선택에서 출발한다

	평가항목	이유	배점	점수	합산
상권 (18점)	유동인구가 적절한가?			3점	
	현재 판매되고 있는 메뉴의 타겟층이 적절한가?			3점	
	A, B, C 급 입지에서 어느정도 되는 것 같은가?			6점	
	접근이 용이한가? (주차장 등)			3점	
	손익이 맞게 들어간 상권인가? (업종마다 다르지만, 통상 10% 미만)			3점	

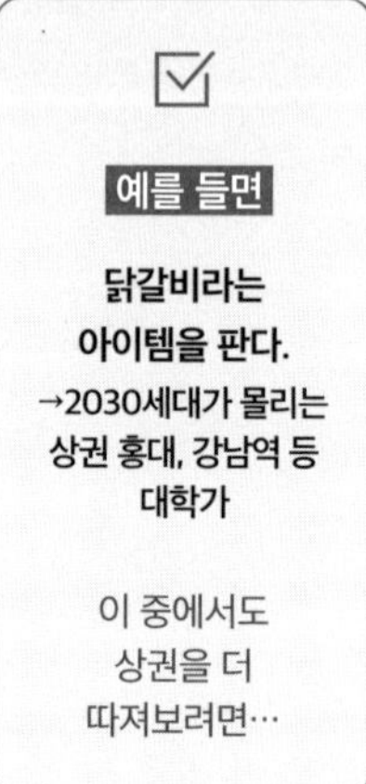

'절대로 망하지 않을 기준표'의 네 번째 항목은 '상권'이다. 그리고 이는 아이템과 깊은 연관이 있다. 닭갈비를 판매한다고 가정해 보자. 그렇다면 어디가 어울릴까? 초등학교 인근일까, 아파트 단지일까, 젊은 세대가 붐비는 번화가일까, 아니면 대학가일까? 여기에 대한 답을 신중하게 내려야 한다. 왜냐하면 아이템은 변경할 수 있어도 매장은 한 번 자리를 잡으면 쉽게 바꿀 수 없기 때문이다.

그런데 간혹 "여기에 이 아이템이 맞겠다."라는 식으로 접근하는 이들이 있다. 이는 장사 경험이 많은 사람들에게 해당하는 사항이다. 대신 초보 창업자는 반드시 아이템을 결정한 뒤, 그에 맞는 상권을 찾는 순서로 접근하는 것이 훨씬 안전하다.

그러므로 상가를 구하기 전에 아이템 선정부터 하는 것이 좋다. 상가에 아이템을 맞출 수도 있지만, 본인이 자신 있는 아이템을 정한 다음, 그에 맞는 상권을 찾아 들어가는 방식이 훨씬 구체적이고, 실패 확률도 낮다. 이때 홀 장사를 중심으로 할지, 배달 장사를 중심으로 할지에 대해 확실히 해두는 게 필요하다. 배달 장사와 홀 장사의 상권은 명확하게 다른 부분이 많으므로 아이템 선택의 첫 단추가 된다.

상권 선정 시 체크리스트

내가 권장하는 방법은 가장 자신 있거나 만족하는 아이템을 기준으로, 가장 잘 아는 상권에서 시작하는 것이다. 어린 시절부터 자라온 지역이거나 오랫동안 거주한 곳이라면, 웬만한 전문가 수준으로 파악하고 있는 덕분에 장점이 많다.

만일 홀 장사를 하게 된다면, 유동 인구가 많은 상권과 수요가 많은 상권으로 나뉘는데, 전자는 오가는 사람이 많은 곳, 후자는 해당 지역에 거주하는 인구 밀도가 높은 곳을 의미한다. 어느 쪽을 선택하느냐에 따라 운영과 마케팅 전략도 달라질 수밖에 없다.

그렇다면 두 상권의 운영과 마케팅은 어떤 차이가 있을까? 참고로 유동 인구가 많은 상권은 '목적 상권', 수요가 많은 상권은 '수요 상권'이라고 부른다.

우선 목적 상권은 불특정 다수가 의도적으로 방문하는 곳으로, 배후 수요는 풍부하지만 재방문율은 낮은 편이다. 압구정, 청담동, 홍대처럼 유행에 민감한 지역이 대표적이다. 이런 상권에는 국밥처럼 일상적인 음식보다는 '로코스비비큐(바비큐)', '온천집(샤브샤브)', '울프강(스테이크)'처럼 특별한 경험을 제공하는 메뉴가 잘 어울린다.

반면, 수요 상권은 규칙적인 수요가 꾸준히 발생하는 곳을 말한다. 배후 수요는 한정적이지만 방문 빈도가 높아, 일상적인 식사를 해결하려는 사람이 많은 것이 특징이다. 강남역 3·6번 출구, 광화문, 역삼처럼 지하철역 인근 상권이 대표적이며, 이렇게 유동성과 반복 수요가 동시에 존재하는 지역에서는 '1992덮밥&짜글이(덮밥)', '청와옥(순대국밥)', '맘스터치(햄버거)'처럼 부담 없이 자주 먹을 수 있는 메뉴가 경쟁력이 있다.

수요 상권에서 가장 중요한 것은 입지를 얼마나 정밀하게 분석하느냐다. 같은 상권이라 하더라도 한 골목 차이로 단순히 지나치는 길

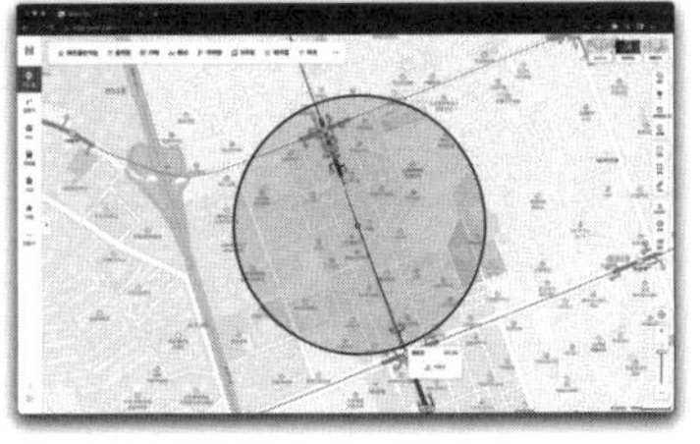

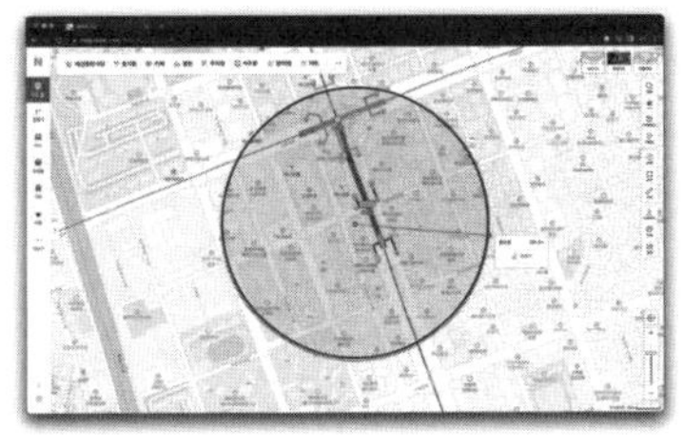

목적 상권과 수요 상권

목인지, 실제로 사람들이 머물며 소비가 일어나는 장소인지에 따라 상권의 가치가 크게 달라질 수 있기 때문이다. 이런 미묘한 차이를 정확히 읽어내는 안목이 있어야 성공 확률도 높아진다. 이에 지금부터 홀 중심 매장 상권 분석을 할 수 있는 치트키를 공유해 본다.

첫째, '경쟁 강도 분석하기'다. 이는 상권마다 잘 맞는 아이템이 달라서 반드시 점검해 봐야 하는 단계다. 쉽게 말해, 전국적으로 이미 검증된 메뉴라 할지라도 특정 상권에 존재하지 않을 수 있는데, 이를 기회라고 착각하지 않기 위한 예방책이라고 할 수 있다. 그만큼 상권에 맞는 아이템은 신중하게 선택해야 한다.

방법은 간단하다. 키워드 검색량과 네이버 플레이스 등록 매장 수를 비교해 보면 된다. 한 예로, 전남대 상권은 고깃집 관련 검색량은 많으나 매장 수는 적다. 따라서 고깃집을 열기에 유리하다고 판단할 수 있다. 하지만 곧바로 경쟁 업체나 미투 브랜드가 들어올 가능성이 높음을 고려해야 한다. 탕후루가 좋은 예시다.

한마디로 한 상권에 특정 아이템이 없다고 해서 무조건 성공한다고 확신해서는 안 된다. 검색량 자체가 없거나, 해당 아이템을 아예 찾지 않는 상권일 수도 있기 때문이다. 수요가 없는 지역에 무작정 아이템을 도입하는 것은 오히려 리스크가 될 수 있다.

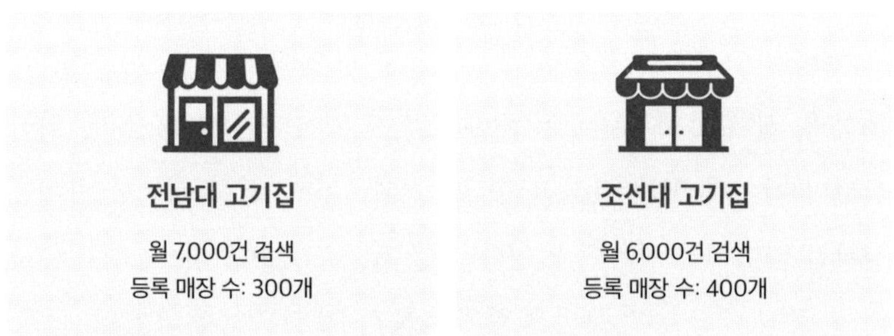

등록 매장 수 비교

둘째, '오픈업으로 매출 확인하기'다. 오픈업 사이트에서는 다양한 업체의 매출 데이터를 확인할 수 있는데, KB국민카드 데이터를 기반으로 한다. 외국인 카드 사용 여부 등 일부 기준에 따라 ±20% 정도 오차가 있지만, 비교적 정확한 수치다. 다만, 배달 매출은 제외된 금액이다. 내가 운영하는 강남 매장만 해도 홀 매출이 월 1억~1억

1,000만 원, 배달 매출이 약 2~3,000만 원인데, 오픈업에는 약 9,000만 원으로 기록된다. 외국인 손님 비중이 약 10%인 점을 고려하면, 실제 수치와 크게 다르지 않다.

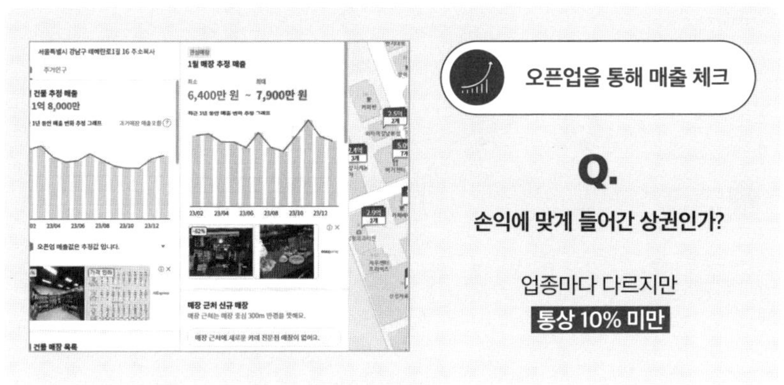

오픈업

간혹 일부 매장은 매출 정보를 비공개로 설정해 놓기도 한다. 이때는 직접 현장에 나가 확인하는 수밖에 없다. 시간대를 나눠 두 차례 정도 방문해 보면, 대략의 매출을 추정할 수 있다. 예를 들어, 1만 원짜리 국밥을 판매하는 매장에 오후 2시에 방문해 영수증 번호가 100번이라면, 점심 피크 타임까지 약 200만 원의 매출이 발생한 것으로 볼 수 있다. 이후 저녁 8시에 다시 방문해 번호가 150번이라면, 하루 총매출이 약 300만 원인 것으로 추론할 수 있다. 이처럼 간단한 방식으로도 대략의 매출 규모를 가늠할 수 있다.

셋째, '나이스비즈맵으로 데이터 분석하기'다. 먼저 나이스비즈맵은 소상공인 상권 분석 시스템으로 배후 세대 수, 음식점 분포, 유동 인구, 주요 고객층 등 다양한 정보를 확인할 수 있다. 어디에 사람이 몰리는지, 경쟁 강도는 어떤지 등을 한눈에 파악할 수 있어 유용하며, 모바일보다는 PC 이용을 추천한다.

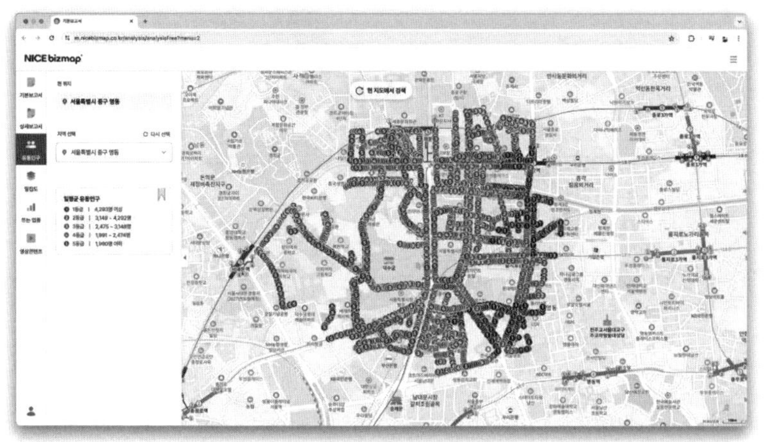

나이스비즈맵 서비스 화면

넷째, '권리맵과 네이버부동산으로 시세 확인하기'다. 이 두 사이트에서는 상권별 매장 보증금, 월세, 권리금 등의 정보를 확인할 수 있어, 관심 있는 지역의 시세를 파악하는 데 유용하다. 업종에 따라 다르겠지만, 일반적으로 월세는 예상 매출의 10% 이내가 가장 이상적이다. 이를 바탕으로 아이템별 예상 매출을 먼저 산출한 뒤, 그에 맞는 적정 임대료와 초기 투자금을 가늠해 볼 수 있다. 만약 해당 상권에서 경쟁 업체가 이 기준 내에서 운영 중이라면, 충분히 진입을 고려해 볼만한 타당성이 있다는 뜻이다.

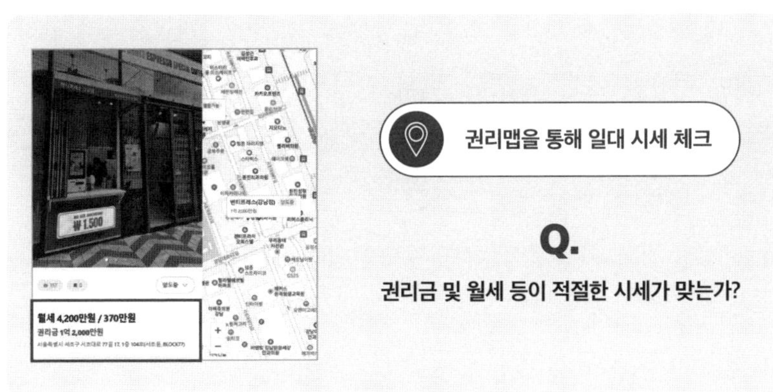

권리맵, 네이버 부동산

추가로, 성공적인 입지를 찾기 위한 하나의 실질적인 팁은 객단가를 지출할 수 있는 수요가 충분한 메이저 브랜드 매장이 입점해 있는지를 확인하는 것이다. 예컨대, 나는 객단가가 높은 1인 메뉴를 주로 다루고 있어서, 해당 상권에 스타벅스가 있는지를 우선적으로 본다. 이는 일정 수준 이상의 소비 여력이 있는지 가늠하는 데 도움이 된다. 또 아파트 배후 상권에서는 파리바게뜨의 위치를 통해 사람들이 실제로 오가는 주요 동선을 파악할 수 있다.

그러나 이 모든 데이터 분석과 판단의 마지막 단계는 '현장 임장'이다. 온라인에 등록되지 않은 매물이 있을 수 있고, 유동 인구가 많아 보여도 실제로는 자동차 일방통행로일 수 있다. 이처럼 상권의 진짜 얼굴은 현장에서만 확인할 수 있으므로, 어떤 경우든 직접 발로 뛰는 임장은 필수다.

혹 마음에 드는 장소를 찾았다면, 업소 이력을 확인해 봐야 한다. 그래야 비용을 아낄 수 있다. 이와 관련한 정보는 소상공인 상권 정보 사이트인 '소상공인365'에서 상권 정보 접속 → 상세 분석 → 위치 선택 → 업종 선택 순서로 조회할 수 있는데, 이전에 어떤 가게를 운영했는지, 전기 사용량이 어느 정도인지 등을 파악할 수 있다. 이때 업종 선택은 내가 하고자 하는 아이템과 유사하거나, 경쟁 업체 정도가 좋다. 상권은 다양하게 설정해 볼 수 있다. 서울·경기의 경우, 반경 500m~1km 내의 상가는 전부 경쟁자가 될 수 있고, 지방은 그보다 범위가 넓다.

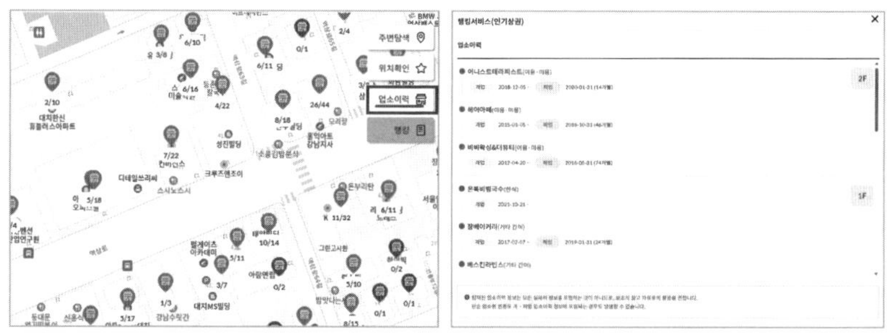

1. 소상공인상권정보사이트에 접속한다.
URL: https://sg.sbiz.or.kr/godo/index.sg

2. 위와 같이 업소이력을 확인한다.

업소이력 확인 방법

또한, 해당 상권에서 특정 업종의 매출이 증가하는 추세인지, 일자리 수가 늘고 있는지도 함께 살펴보면, 상권 선택에 도움이 된다. 여기에 더해 주말과 평일의 유동 인구를 비교해 보는 것도 중요하다. 이러한 데이터를 알고 있다면, 휴무를 평일로 정할지, 주말로 정할지를 고려하여 인력 구성 계획을 효율적으로 세울 수 있다. 더 나아가 시간대별 유동 인구를 파악하면, 초기 인력 세팅에도 큰 도움이 된다. 소득 수준도 중요한 판단 기준이다. 이는 상권의 소비 여력이 내 아이템과 어울리는지 가늠할 수 있도록 도와준다.

놀랍게도 지금까지 나열한 모든 사이트는 무료로 제공된다. 해당 사이트들을 실제 상권 분석에 적용해 본 예시를 아래에 첨부하니, 연습해 보길 권한다. 몇 번만 사용해 보면 금방 익숙해질 테지만, 더 자세한 활용법을 알고 싶다면, 유튜브에서 '상권정보시스템'을 검색해 영상을 참고하길 추천한다.

첫 번째로 상권을 대략 좁힌 뒤, 나이스비즈맵의 지도를 활용해 사람들이 실제로 모이는 지역과 유동 인구의 흐름을 파악한다. 상권의 중심이 어디인지, 사람들이 어떻게 이동하는지를 시각적으로 확인할 수 있어 유용하다.

두 번째로 확보한 데이터를 기반으로 유동 인구수에 비해 월세가 비싼지, 저렴한지를 따져본다. 예를 들어, 동일한 평수의 상가 중 A 지역은 유동 인구 1,000명에 월세 500만 원, B 지역은 유동 인구 5,000명에 월세 1,000만 원이라면, B 지역이 상대적으로 임대 효율이 더 높다고 볼 수 있다. 반대로 A 지역이 신축 상가이거나 노출이 좋은 입지라서 비싼 경우도 있을 수 있으니, 단순 수치 이상의 해석이 필요하다.

세 번째로 오픈업을 통해 내가 하려는 아이템과 유사한 업종의 매출을 비교한다. 커피 전문점을 준비 중이라면, 메가커피 기준으로 한티역점 월 예상 매출은 약 4,600만 원, 대치중앙점은 약 4,200만 원으로, 한티역 쪽이 약간 더 높은 수치를 보이는 것을 확인할 수 있다.

마지막으로 상가 조건 비교 및 평당 임대료를 분석한다. 위에서 살펴본 상권을 예로 들자면, 한티점 상가와 비슷한 조건의 상가가 보증금 1억에 월세 400만 원인데, 평수 차이가 있어 대치중앙점 쪽 라인이 평당 임대료가 조금 더 저렴한 것으로 보인다.

이처럼 아이템을 먼저 정하고, 데이터를 통해 상권과 시세를 분석한 다음, 현장 임장과 부동산 방문까지 병행한다면, 더 확실하게 상가를 선택할 수 있다. 더불어 매출과 월세를 함께 고려하면, 권리금에 대해서도 보다 합리적인 판단이 가능하다.

마케팅 도구만 잘 활용해도 매출이 달라진다

'절대로 망하지 않을 기준표'의 마지막 항목은 홍보 즉, '마케팅'이다. 지금까지 이야기한 맛, 상권, 서비스, 인테리어를 아무리 잘 갖췄다 해도, 사람들이 모른다면 소용없다. 아무도 찾아오지 않는 가게는 존재하지 않는 것과 마찬가지이기 때문이다. 그만큼 마케팅은 생존을 위한 중요한 요소다. 이에 본론으로 들어가기 전에 로컬 스토어

	평가항목	이유	배점	점수	합산
홍보 및 기타 항목 (32점)	매장의 홍보가 적절하게 이루어지고 있는가? (스마트 플레이스, 당근, 인스타, 전단지 등)			12점	
	고객과의 온·오프라인 소통이 적절하게 이루어지고 있는가?			5점	
	매장의 스토리가 있는가? (진정성)			5점	
	다시 올만한 이유가 있는가? (포인트 적립 및 쿠폰 등)			5점	
	메뉴판이 제대로 만들어져 있는가? (시안성)			3점	
	이벤트 관련 홍보물이 눈에 띄는가?			2점	

토탈점수 80점 이상이면
3년 안에 망할 확률은 거의 0%

마케팅을 효과적으로 활용한 사례 하나를 소개한다.

얼마 전, 우편함에 청첩장처럼 생긴 인쇄물이 하나 도착했다. 확인해보니 인근 베이커리 카페에서 보낸 쿠폰이었다. 거기에는 치즈케이크와 아메리가노를 무료로 제공한다는 문구와 매장 정부를 알 수 있는 네이버 플레이스 QR코드가 인쇄되어 있었다. 더불어 쿠폰을 지참하면, 구매 금액의 10% 할인 혜택도 주어진다고 되어 있었다. 마치 현금 1만 원짜리처럼 느껴졌다.

마침 매장이 집에서 약 300m 거리에 있어, 주말에 방문해 무료 쿠폰으로 음료와 디저트를 즐겼다. 그런데 맛과 퀄리티가 기대 이상이어서 15,000원어치의 빵을 추가로 구매했더니, 10% 할인에, 포인트 5% 적립, 그리고 다음 방문용 쿠폰까지 받았다. 그로부터 일주일 후, 다시 그 매장을 찾았고, 포인트를 사용해 할인된 가격으로 빵을 구입했더니 약 2,000원의 포인트를 더 쌓을 수 있었다. 그 결과, 그곳은 어느새 나의 단골 매장이 되었을 뿐만 아니라 지인에게도 추천하게 되었다. 덕분에 해당 카페는 단순히 한 명의 고객을 유치한 것을 넘어, 지속적인 재방문과 주변 고객 전파까지 유도함으로써 무료로 제공한 것보다 훨씬 더 큰 효과를 얻었다.

이처럼 로컬 스토어 마케팅은 '록인Lock-in 효과'와 결합될 때 매우 강력한 전략이 된다. 단, 반경 500m를 넘어가면 방문율이 급격히 떨어질 수 있으므로, 타깃 범위를 명확히 설정하는 것이 중요하다.

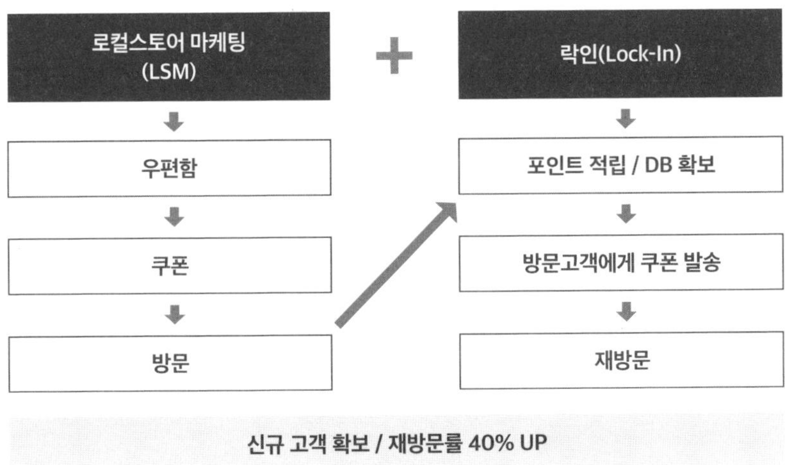

오프라인 마케팅

이제부터 본격적으로 마케팅 전략을 하나씩 파헤쳐보자. 내용이 다소 많게 느껴질 수도 있지만, 그만큼 디테일하게 알려주고 싶었다. 이 마음이 잘 전달되길 바라며, 하나씩 천천히 따라와 주면 좋겠다.

먼저 질문 하나 한다. 마케팅이라는 단어를 떠올렸을 때, 어떤 이미지가 띠오르는가? 아마도 블로그, 인스타그램 등 가죵 SNS이지 않을까 한다. 앞서 소개한 카페처럼 오프라인을 공략하기도 하지만, 그만큼 온라인 마케팅 시장이 커졌고, 중요해졌다.

이런 현실에서 가장 중요한 요소는 바로 사진, 동영상과 같은 시각적 이미지다. 특히, 네이버플레이스에 업로드하는 이미지는 내 매장의 얼굴인 간판과 같다. 조금 더 쉬운 설명을 위해 예시를 들어본다.

고객 관점에서 다음 사진을 보게 된다면, 두 곳 중 어디에 방문하고 싶을까? 여기에 대한 답만 생각해 봐도 충분히 이해되는 부분이다.

매장의 또 다른 간판, 네이버 플레이스

요즘은 대부분의 고객이 소비하기 전, 온라인으로 미리 검색한 뒤 방문한다. 이는 매장에 오기 전부터 첫인상이 결정된다는 뜻이다. 따라서 온라인에서 경쟁 매장과 차이를 만들지 못하면, 방문 자체가 성사되지 않는다. 하지만 여전히 많은 자영업자가 온라인으로 보여지는 내 매장의 모습에 놀라울 정도로 무신경하다. 만일 온라인상에서 선택받는 매장이 되고 싶다면, 위 사진의 차이점을 파악해 반드시 내 매장의 강점을 정확하게 보여주는 이미지로 대표 사진을 설정해야 한다.

그렇다면 음식점의 경우, 후킹 포인트를 음식에만 부각해야 할까? 아니다. 매장의 특성만 잘 파악해도 다양한 포인트를 도출할 수 있다.

가령, 매장에 대형 룸이 있어서 회식이나 단체 모임이 가능하다면, 그 자체가 강력한 경쟁력이다. 실제로 '강남역 회식', '단체 모임 장소'와 같은 키워드는 월간 1,200건 이상의 검색량을 기록하고 있다. 이러한 고객의 검색 니즈와 매장의 특성이 맞아떨어질 때, 그 공간을 대표 이미지로 노출해 두면, 매출로 직결될 가능성이 높다. 그러니 고정관념에서 벗어나 본인 매장의 개성을 온라인에서 어떻게 비주얼로 표현할지 끊임없이 고민해야 한다. 그게 온라인 마케팅의 핵심이자, 오프라인 방문으로 이어지는 첫걸음이다.

온라인 마케팅

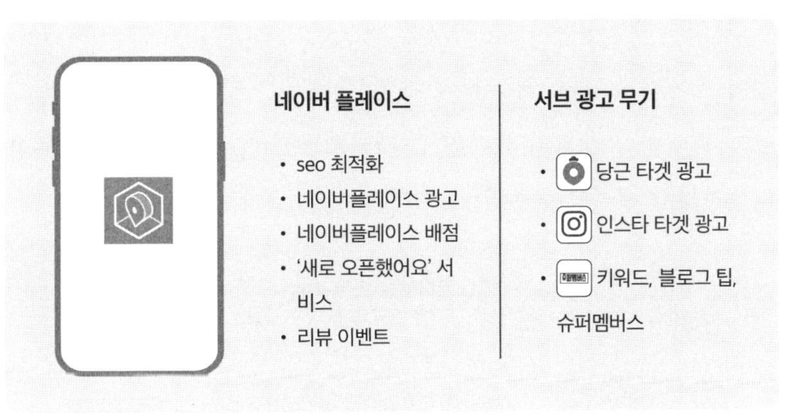

네이버 연계 온라인 마케팅

다시 강조하지만, 온라인 마케팅은 매우 중요한 영역이다. 마케팅의 본질에 대해 이해하기 위해서는 각 플랫폼의 특징을 알고, 이를 잘 활용할 줄 알아야 한다. 이 부분만 명확히 이해해도 큰 도움이 된다.

일단 네이버가 어떤 회사인지부터 파악해야 한다. 네이버는 텍스트 기반 검색 엔진을 중심으로 성장해 온 회사다. 이에 따라 고객이 검색한 키워드에 대해 얼마나 유용한 정보를 제공하느냐에 따라 노출 순위가 달라지고, 방문자가 해당 페이지에 오래 머무를수록 네이버는 그 내용을 '좋은 콘텐츠'로 평가한다.

이런 원리를 바탕으로 한 것이 '네이버 SEO 최적화'다. 한마디로 고객이 검색했을 때 양질의 정보가 제공되도록 세팅하는 과정이다. 어렵게 들릴 수도 있지만, 홈, 메뉴, 리뷰, 사진, 정보 등의 탭에 빠짐없이 텍스트·사진·영상을 알차게 입력해 네이버 검색 엔진에 충분한 자료를 제공하면 된다. 복잡한 텍스트 마이닝이나 알고리즘 같은 용어는 몰라도 된다. 핵심은 '빈칸 없이 채우는 것'이다. 각 항목에 정보가 풍성하게 채워져 있다면, 그것만으로도 SEO 최적화에 한 걸음 나아갔다고 생각하면 된다.

SEO 최적화 (텍스트 기반)

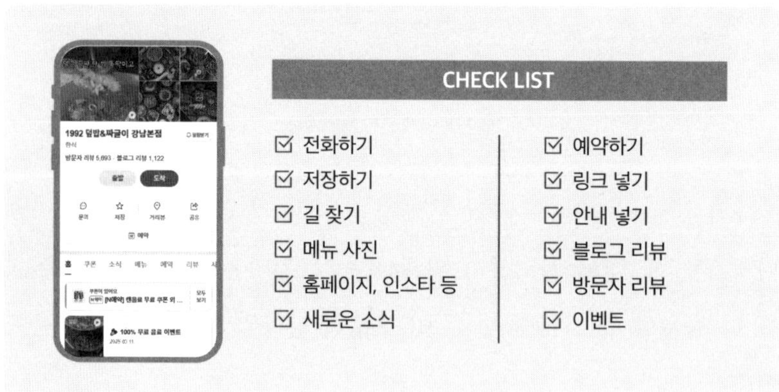

다음 스텝은 네이버가 좋아하는 '플레이스 만들기'다. 네이버 예약, 쿠폰, 톡톡 문의, N페이 결제와 같은 기능을 적극적으로 연동해, 네이버 생태계 안에서 활동하는 매장으로 보이게 만드는 작업이다. 네이버의 도구를 잘 활용할수록 노출 우선순위는 자연스럽게 올라간다.

한편, 네이버 플레이스의 배점에 항상 말이 많다. 약 3개월 단위로 로직이 수시로 바뀌기 때문이다. 2023~2024년에는 클릭 수, 체류 시간, 알림이 주요 배점 요소였다면, 2025년 초에는 저장하기가 가장 높은 점수를 받았다. 그런데 2025년 6월 20일부터는 길찾기가 최우선 항목이 되고 있다. 이마저도 내가 매장을 직접 운영·관리하면서 자영업자 마케팅 툴 '키엔' 사이트를 통해 해당 키워드 순위를 매일 알림 받으면서 순위 변동 폭을 체크한 덕분에 알 수 있었다.

여기서 문제점은 이러한 보상(리워드) 트래픽 유입에만 의존하는 매장은 로직이 바뀌는 순간, 순위가 크게 떨어진다는 것이다. 그러므로 순위를 끌어올리는 데 집중하기보다는 플랫폼의 구조와 기준의 변화에 유연하게 대응하는 시스템을 갖춰야 한다.

또 최근에는 숏츠, 릴스, 틱톡 등 숏폼 콘텐츠 강세에 따라 네이버 역시 '네이버 클립'이라는 기능을 밀고 있다. 이 기능의 중요도가 점점 커지는 만큼 네이버 최적화를 고려할 때, 동영상 자료를 적극적으로 활용해야 한다. 이는 사용자의 체류 시간을 자연스럽게 늘려줄 뿐 아니라, 매장의 특성을 직관적으로 전달해 고객의 이해도를 높인다.

게다가 검색 노출에도 긍정적인 영향을 미치므로, 간결하면서도 매력적인 영상 콘텐츠를 전략적으로 활용하는 감각이 요구된다.

이와 더불어 네이버에서 중요하게 여기는 기능 중 하나가 'N페이 결제'다. 다소 높은 수수료가 붙지만, 반드시 활용할 수밖에 없는 이유가 있다. 네이버 입장에서 플랫폼 안에서 수수료까지 지불하면서 결제하고, 100% 구매가 확인된 고객이 유입된 플레이스에 높은 배점을 주고 싶은 건 당연하기 때문이다. N페이 결제를 하려면 통신 판매업이 신고가 필요하다. 아래는 통신 판매업 신고를 하는 법이다.

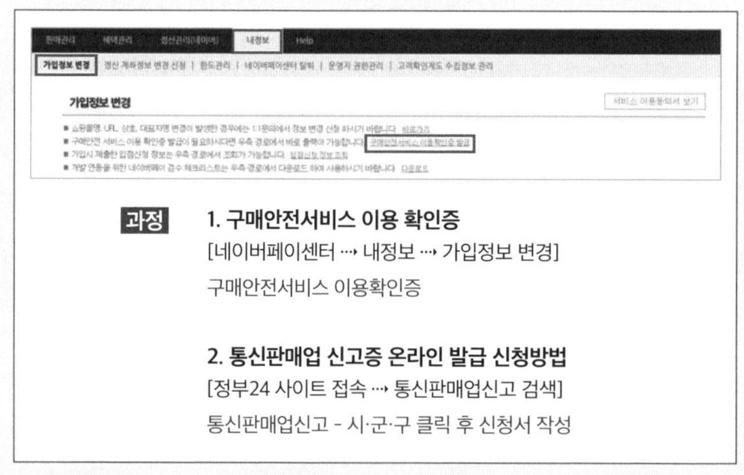

통신판매업 신고 과정

요약하자면, 네이버는 배점 항목의 중요도를 주기적으로 조정하기 때문에, 트래픽, 체류 시간, 리뷰, 저장, 알림 설정 등의 지표에만 의존하기보다는 고객의 관심과 재방문, 그리고 실제 구매 전환으로 이어질 수 있는 전반적인 흐름을 자연스럽게 늘리는 데 집중하는 게 바람직하다.

이쯤에서 지금까지 언급한 네이버상에서 높은 배점을 잘 받는 항목을 광고에 적용하는 방법을 살펴보자. 다음은 하루 예산 3만 원으로 제한된, 일반 광고와 비교했을 때 가성비가 매우 뛰어난 광고다. 네이버가 이렇게 예산 제한을 둔 이유는 소수의 사업자가 이를 독점적으로 활용하지 못하도록 하기 위함이다.

○○키워드로 검색했을 때 상위에 노출되는 두 개의 광고

참고로 이 광고는 클릭당 광고비(CPC)가 발생한다. 이에 따라 클릭

을 유도하는 대문 사진의 역할이 매우 중요하다. 더 나아가 네이버 플레이스에 방문한 고객이 구매 전환까지 이어질 수 있도록 좋은 콘텐츠와 사진, 그리고 네이버 플레이스의 정보들을 매장에 맞춰 잘 정리해 놓는 준비가 필요하다. 그것만으로도 광고의 높은 효과를 얻을 수 있어서다. 한마디로 이 광고를 효과적으로 활용하기 위해서는 첫인상인 대문 사진과 플레이스 페이지 구성에 신경 써야 한다.

네이버의 '새로 오픈했어요' 기능은 말 그대로 신규 사업자를 위한 강력한 초반 부스트 마케팅 도구다. 제대로 활용하면 큰 효과를 얻을 수 있다. 실제로 장사를 잘하는 사람들은 이 기능을 최대한 활용하여 초반 마케팅 효과를 극대화한다.

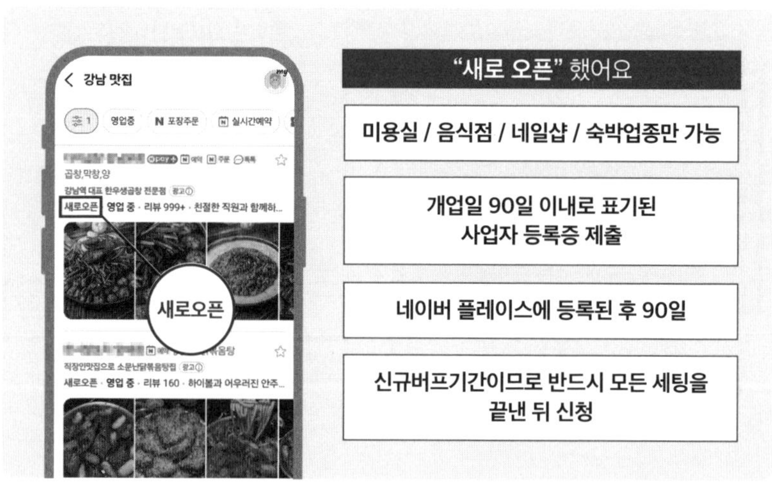

"새로 오픈" 기능

예를 들어, 사업자등록증을 발급받은 뒤에 곧바로 매장 오픈을 하지 않고, 약 한 달 동안 오픈 준비를 하면서 네이버 SEO 최적화를 완료하고, 네이버 블로그 체험단, 인스타그램 릴스 마케팅, 타깃 광고(인스타그램, 당근마켓 등) 등을 세팅하여 '새로 오픈했어요' 기능을 신청하는 것이다. 이유인즉, 이 기능은 사업자등록일로부터 90일 이내에만 신청할 수 있고, 신규 사업자로 인식되면 상위에 노출될 기회가 주어지는 덕분이다. 그러므로 이렇게 준비해 마케팅을 집중적으로 쏟아부으면, 같은 기간 내 다른 매장과 비교했을 때 효율 차이가 매우 클 수밖에 없다.

결국, 이 기능의 가치는 언제 신청하느냐에 달려 있다. 따라서 온라인 최적화와 콘텐츠가 모두 갖춰진 상태에서 신청하면, 매장 인지도뿐만 아니라 매출을 빠르게 높일 중요한 기회이므로, 이 기간을 철저히 준비하고, 적극 활용해야 한다. 잘만 활용한다면, 이 90일이 수천만 원의 가치가 될 수 있다.

다음으로 '영수증 리뷰 이벤트'와 '플레이스 저장', '알람받기' 기능이다. 이들을 함께 활용하면 매장의 인지도와 고객 참여를 높이기에 매우 유리하다. 특히, 리뷰 이벤트를 진행할 때는 객단가 10% 정도에 해당하는 아이템을 제공하는 것이 이상적이다. 이때, 반드시 판매하는 메인 메뉴와 어울리는 사이드 메뉴로 이벤트 상품을 설정해야 한다. 신메뉴나 주메뉴와 관련 없는 메뉴를 제공하면, 고객 참여율이 저조해질 수 있기 때문이다.

매장에 비치해놓을 수 있는 리뷰 이벤트 QR

가령, 족발집에서 막국수는 자주 나가는 메뉴지만, 이를 이벤트 메뉴로 설정하면, 족발을 먹으러 왔던 고객이 다음에는 다른 일행을 데리고 재방문할 가능성이 높아진다. 이런 식으로 이벤트는 단순히 무언가를 공짜로 나눈다는 개념보다는, '살을 주고 뼈를 취하는 전략'으로 접근해야 한다. 적은 비용으로 고객 유입을 만들고, 이를 통해 장기적인 매출 상승을 유도하는 것이 핵심이다. 또 리뷰 이벤트를 신청하지 않은 손님에게도 먼저 다가가, "이건 서비스로 드리는 거니 맛있게 드시고, 괜찮으시면 리뷰 한번 남겨주시면 감사하겠습니다."라는 식의 자연스러운 요청을 하는 것도 좋은 방법이다.

실제로 내가 컨설팅한 라멘 전문점은 컨설팅 전 약 1년 동안 리뷰 수가 약 50개에 불과했는데, 컨설팅 후 약 8개월 만에 리뷰가 1,500개 이상 쌓였다. 심지어 2~30만 원이었던 일일 매출이 현재는 100만 원

이상을 달성하고 있다. 그 결과, 매장이 매우 협소해져 이전 준비를 하고 있다. 똑같은 상권, 똑같은 매장, 똑같은 아이템이라도 기능을 어떻게 활용하느냐에 따라 결과가 크게 달라짐을 보여준 사례다.

간혹 "어차피 시킬 텐데 굳이 손님에게 리뷰 이벤트로 줘야하느냐?"라는 질문을 받기도 한다. 하지만 나는 많은 자영업자가 나무가 아닌 숲을 보길 바랄뿐이다.

아래 QR 코드는 바로 앞서 얘기한 라멘 전문점의 변천사를 담은 과정이다. 방법은 찾고자 한다면 정보는 무수히 많으니, 참고하여 벤치마킹하는 것도 좋겠다.

네이버 외에도 다양한 온라인 마케팅 플랫폼이 존재한다. 그중 인스타그램과 당근마켓은 타깃 광고에 특화되어 있다. 이 플랫폼을 통해 사용자는 세분화된 타깃층을 설정하고, 내가 제공하는 메뉴에 관심을 가질 만한 수요층을 반경 500m 내외(업종마다 다름)로 설정하여 광고를 진행할 수 있다. 또한, 하루 예산을 설정하여 효율적으로 광고를 집행할 수 있는 장점이 있다.

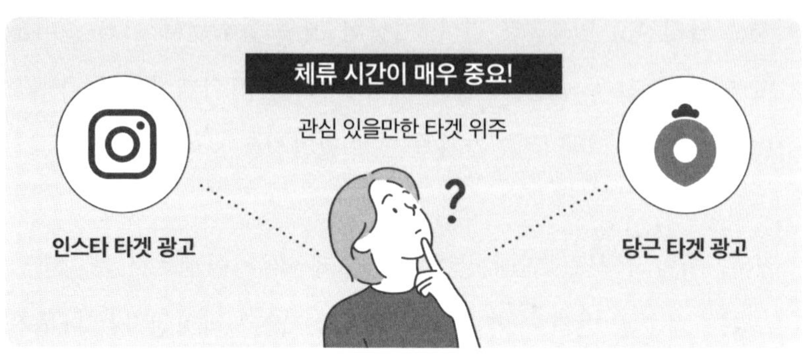

지역 타겟 광고

이 광고를 통해 클릭한 고객이 네이버 플레이스로 유입되었다고 가정해 보자. 가까운 거리에 있는 고객일수록 체류 시간이 길어질 가능성이 높고, 길찾기 기능을 통해 실제 방문으로 이어질 확률도 높다. 즉, 광고 클릭 → 플레이스 유입 → 실제 방문 → 구매 전환이라는 자연스러운 흐름이 만들어지며, 이는 곧 높은 구매 전환율로 이어진다.

이러한 과정을 통해 네이버 입장에서는 공신력 있는 타 플랫폼에서 네이버 플레이스로 신규 고객을 유입시키고, 구매 전환까지 이뤄낸 경우로 인식된다. 그 결과, 네이버 플레이스에 대한 가점이 높아지게 된다. 또 위 노출로 이어질 가능성을 높이게 되며, 더 많은 유입과 구매 전환으로 이어질 수 있다. 다시 말해, 리워드에 의존하지 않고도 특정 키워드에서 상위 노출을 끌어낼 수 있다는 의미다.

온라인 마케팅에서 빠지지 않고 등장하는 전략이 있다. 바로 '키워드 공략'이다. 이는 아파트 갈아타기와 비슷한 방식으로 접근해야 한

다. 처음부터 'ㅇㅇ맛집'처럼 월 수만 건 이상의 검색량을 가진 대형
키워드를 노리는 것은 실패 확률이 높다. 실제로 내 아이템이 맛집
키워드와 어울리지 않음에도, 단순히 노출만을 위해 인기 키워드에
억지로 맞추는 경우가 많은데, 핵심은 내 가게와 잘 맞는 키워드를
찾는 데 있다.

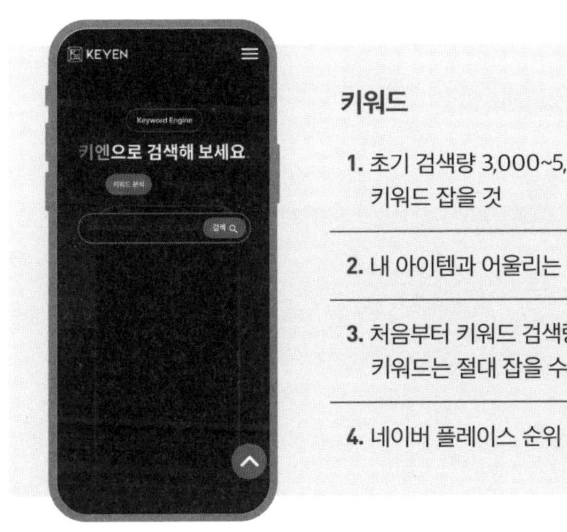

키워드는 '아파트 갈아타기'이다.

　이를 기준으로 가상 먼저 해야 할 일은 내 매장과 잘 어울리는 월
검색량 500~1,000건 수준의 소규모 키워드를 공략하는 것이다. 이
작은 키워드에서 상위 5위 안에 안정적으로 자리 잡는 것이 첫 번째
목표다. 이후에는 검색량 2~5,000건가량 되는 조금 더 큰 키워드로
이동한다. 한 단계씩 차근차근 키워드의 스케일을 키워가는 전략을
쓰는 것이다.

이 과정을 통해 네이버에서 내 매장의 신뢰도를 서서히 높이면서 자연스럽게 더 큰 검색량을 가진 키워드에 접근할 수 있게 된다. 즉, 단기 성과보다는 장기적인 검색 최적화 전략으로, 꾸준한 노출과 트래픽 증가를 기대할 수 있다.

다음 이미지는 키엔 사이트에서 이용할 수 있는 예시다. 참고로 내가 운영하는 1992덮밥&짜글이 강남 본점의 경우 '맛집' 키워드를 쓰지 않는다. 대신 우리 매장에 어울리는 키워드를 고민하여 적용한다.

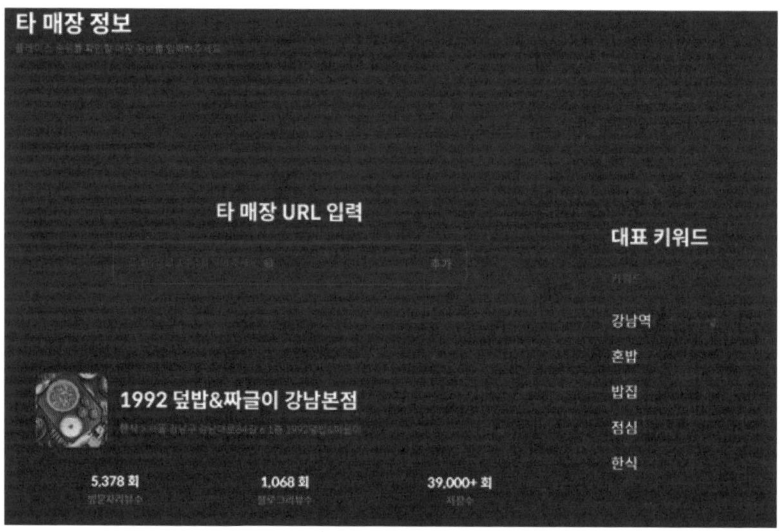

만일 키워드 선정이 어렵다면, 상위 노출된 업체들의 대표 키워드를 참고하여 우리 매장의 대표 키워드 방향성을 설정할 수 있다. 하지만 주의해야 할 점은, 그 키워드를 무작정 따라 하는 실수를 범해

서는 안 된다는 것이다. 앞서 언급했듯이, 같은 업종이라 해도 모든 키워드가 우리 매장에 적합한 것은 아니다. 해당 키워드가 내가 진입할 수 있는 시장인지 판단하는 것이 중요하며, 상위 업체들의 키워드는 참고용으로만 활용하는 것을 권장한다.

키워드를 활용한 마케팅 방법에 대해 조금 더 자세하게 알아보자. 네이버는 SEO 최적화에서 매장 플레이스에 등록된 텍스트, 사진, 동영상을 기반으로 고객에게 정보를 전달한다고 설명한 바 있다. 이를 바탕으로 대표 키워드 선정 시 자주 하는 실수가 있다.

대표 키워드 설정은 내 매장의 방향성을 나타내는 중요한 요소로, 주어진 5개의 키워드 안에 설정해야 한다. SEO 구조에서 언급했듯이, 네이버 검색 엔진은 이미 내 매장의 정보를 가지고 있어서, 굳이 한정된 5개의 칸에 중복된 정보를 넣을 필요는 없다. 쉽게 설명해, 상호와 도로명, 그리고 지번에 지역 정보가 이미 입력되어 있다면, 대표 키워드에는 지역 키워드를 제외하고 다른 키워드를 선정하는 것이 검색 결과의 다양성을 넓히는 데 유리하다.

물론, 지역 키워드를 권장하는 경우도 있다. 소비자가 완전한 목적형 키워드로 검색하는 경우가 많다면, 지역 키워드를 포함하는 것이 효과적이다. 예를 들어, 오이도나 대부도를 방문하는 소비자는 '오이도 조개구이', '대부도 횟집'처럼 지역명을 포함한 풀 키워드를 검색하는 비율이 높다.

요약하자면, 본인 매장이 목적형 키워드가 자주 쓰이는 상권인지 그 특성을 잘 파악하여, 적절하게 활용하는 것이 중요하다.

지역 키워드 대신 비행정 명칭과 랜드마크를 활용하기도 한다. 1992덮밥&짜글이 강남 본점도 상호와 주소에 '강남', '역삼동'이 포함되어 있어서, 검색 엔진에 입력되지 않은 '강남역'이라는 비행정 키워드를 대표 키워드로 입력해 두었다. 이처럼 주변 지명이나 랜드마크 중 검색량이 높은 키워드를 대표 키워드로 등록하면, 효율적인 지역 키워드 세팅이 가능하다.

한편, 대표 키워드 선정 시 자주 실수하는 부분이 있다. 바로 키워드 조합의 경우의 수를 놓치는 것이다. 대표적으로 '부천역 술집', '부천역 주점', '부천역 이자카야', '부천역 소주', '부천역 회식'과 같이 풀 키워드를 나열하는 형태가 그렇다. 이는 검색 결과를 '부천역'으로 한정시키며, 더 큰 문제는 고객이 해당 풀 키워드를 정확히 검색해야만 매장이 노출되는 상황이 발생한다는 데 있다.

그러므로 '부천역', '주점', '술집', '이자카야', '소주'와 같이 개별 키워드로 설정하는 것을 권장한다. 이렇게 하면 부천역과 나머지 키워드가 경우의 수로 조합되어 효율적으로 검색될 수 있다. 또한 매장에 입력된 정보와 상호작용하여 더욱 효과적인 검색이 이루어진다. 만일 매장 주소에 '부천', '심곡동'이 입력되어 있다면, '심곡동+술집', '심곡동+주점'과 같은 방식으로 검색이 이루어질 수 있다는 얘기다.

그러나 메뉴명을 넣는 것은 권장하지 않는다. 완전한 목적형 아이템이 아니라면, 메뉴명을 대표 키워드로 설정하는 대신, 메뉴란, 정보란 등의 섹션에 충분히 명시하는 것이 더 효과적이다. 이렇게만 해도 네이버 검색 엔진에 관련 정보가 자동으로 전달되므로, 한정된 5개의 대표 키워드에는 다른 중요한 키워드를 기입하는 방향성을 고려하는 것이 좋다. 1992덮밥&짜글이 강남 본점을 예로 들자면, 대표 메뉴인 짜글이와 덮밥을 대표 키워드에 설정하지 않았음에도 해당 키워드로 상위 노출되고 있다. 이는 플레이스 SEO를 통해 덮밥과 짜글이에 대한 정보를 충분히 입력한 덕분이다. 반면, 대표 키워드에는 '혼밥', '점심', '밥집', '한식' 등의 키워드를 설정하여, 검색량이 뒷받침되는 추가적인 키워드를 입력할 수 있는 여지를 확보했다.

이처럼 항상 내 매장의 대표 키워드를 어떻게 하면 효율적으로 세팅할 수 있을지 고민하는 것이 중요하다.

당연히 키워드 선택이 쉽지 않다. 이 경우를 대비해 키워드 찾는 법을 익혀두면, 조금 더 빠르게 내 매장에 적합한 키워드를 찾을 수 있다. 다음은 각종 툴을 이용해 키워드를 찾는 요령이니, 참고하여 꼭 실행해 보길 바란다.

첫 번째는 네이버의 '자동 완성 키워드'로 파악하는 방법이다. 네이버 검색창에 특정 키워드를 입력하면, 해당 키워드와 관련한 많이 검색하는 키워드가 자동으로 노출된다. 이를 통해 소비자가 어떤 키워드를 많이 검색하는지 유추할 수 있으니, 내 업장의 행정명, 비행정명, 또는 랜드마크로 많이 쓰는 키워드를 찾아보자.

다음은 석촌호수 상권의 업장에서 접목할 수 있는 예로, 맛집, 카페, 주차장, 놀거리, 브런치, 야경 등의 키워드가 많이 쓰이는 것으로 나타난다.

N 석촌호수

석촌호수 맛집

석촌호수

석촌호수 일일항 잠실점 가성비 맛집

석촌호수 카페

석촌호수 랍스터

석촌호수 주차장

석촌호수 놀거리

석촌호수 진지아 맛집

자동완성 상호명 예시

그런데 자동 완성에 상호가 나오는 경우가 있다. 이는 99%의 확률로 불법 프로그램을 활용한 작업 결과일 가능성이 높다. 이런 방식은 절대 좋은 마케팅 방법이 아니며, 해당 업체는 순위 조정에 들어갈 확률이 높다.

두 번째는 '연관 검색어' 사용하기다. 이는 특정 검색어를 검색했을 때, 그 검색어를 찾은 사람들이 함께 찾았던 검색어를 보여주는 기능으로, 키워드들이 연관된 형태로 묶인다. 이를 통해 대표 키워드와 서브 키워드를 선정할 때 참고 자료로 활용할 수 있다.

만일 롯데타워 및 석촌호수 근처에 위치한 요식업장이라면, 연관 검색어를 통해 사용할 대표 및 서브 키워드를 유추할 수 있다. 예를 들어, '잠실 석촌호수', '석촌 호수뷰', '송리단길', '방이동', '석촌역' 등의 키워드가 많이 검색된다. 실제 소비자가 어떤 키워드를 많이 검색하는지 파악하기 위해 이러한 키워드 리스트를 뽑아두고, 키워드 선정 시 활용하는 것이 효과적이다.

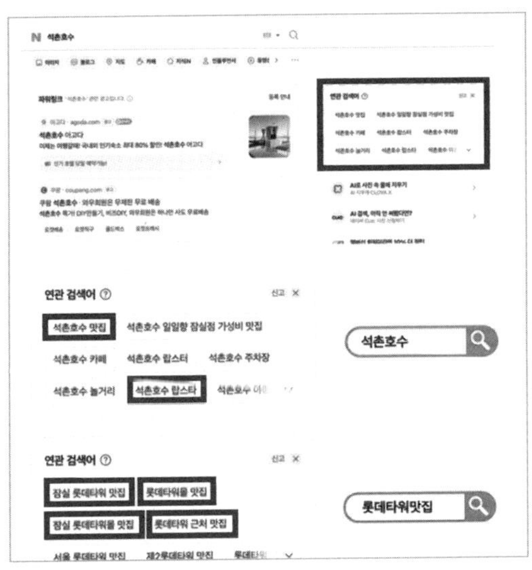

한편, 네이버 검색 결과의 허점을 이용하면, 단순히 상호를 변경하는 것만으로도 네이버 플레이스 상위 노출이 가능하다. 하단의 예시

처럼 '강남호프'를 검색했을 때, 술집이나 강남 맛집 관련 플레이스가
아닌 특정 상호가 검색 결과로 노출되는 것을 확인할 수 있다. 이를
통해 상호를 전략적으로 변경해 검색 결과에 상호가 직접 노출되도
록 하는 방법을 활용할 수 있다.

상호명 변경으로 네이버플레이스 상위 노출 예시

세 번째는 '스마트블록'과 '서치피드' 이용하기다. 전자는 네이버의
검색 결과 구성 방식 중 하나로, 사용자의 검색 의도와 맥락을 이해
해 최적의 결과를 제공한다. 사용자가 입력한 키워드와 연관도가 높
은 다양한 주제의 콘텐츠를 블록 단위로 묶어 제공하며, 이를 통해
사용자는 원하는 정보를 빠르게 찾고, 다양한 주제를 쉽게 탐색할 수
있다. 예를 들어, '잠실맛집'을 검색하면, 관련된 소비자 키워드 정보
를 스마트블록 형태로 한눈에 확인할 수 있다. 후자는 사용자의 검색
기록과 선호도를 기반으로 관심 있을 만한 콘텐츠를 추천해 주는 기

능이다. 이전에 검색한 키워드와 유사한 키워드, 혹은 사용자가 흥미를 느낄 만한 주제의 키워드를 추천해 준다. 이는 실제로 네이버 검색 엔진에서 많이 활용되는 키워드이므로, 이를 적극적으로 마케팅에 활용하면 된다.

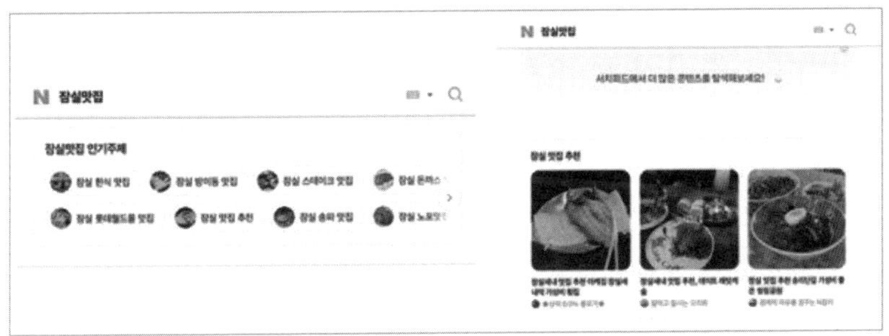

(좌)스마트블록 예시, (우)서치피드 예시

마지막 네 번째는 네이버 AI 'Cue'와 '클로바X'의 도움받기다. 이 둘은 인공지능 기술을 기반으로 한 검색 서비스로, 키워드 조사 및 소비자의 검색 트렌드를 파악하는 데 유용한 도구다. 따라서 고객 관심사와 키워드 변화에 빠르게 대응하고, 이를 파악하는 데 중요한 툴이다. 심지어 무료로 활용할 수 있으니 적극적으로 활용해 보길 추천한다.

방법은 간단하다. 지역, 업종을 포함해 "소비자들이 많이 검색하는 키워드는 뭐야?"라고 명령어를 입력하면 된다. 또는 같은 유형으로 "인기 주제 키워드를 정리해 줘."라고 요청할 수도 있다.

강남역 맛집 관련하여 소비자들이 많이 검색하는 키워드는 뭐야?

강남역 맛집 관련하여 소비자들이 많이 검색하는 키워드는 다음과 같습니다.

- 강남역 맛집
- 강남역 점심 맛집
- 강남역 술집
- 강남역 고기집
- 강남역 파스타
- 강남역 초밥

강남역 맛집관련 스마트블록과 서치피드 및 인기주제 키워드를 정리해줘

강남역 맛집 관련 스마트블록과 서치피드, 인기 주제 키워드를 정리해 드리겠습니다.

스마트블록

- 강남역 데이트 맛집
- 강남역 점심 맛집
- 강남역 회식장소
- 강남역 파스타 맛집
- 강남역 분위기 좋은 레스토랑

서치피드

- 강남역 맛집 인기 검색 순위
- 강남역 맛집 추천 리스트
- 강남역 신상 맛집
- 강남역 배달 맛집
- 강남역 카페 추천

인기 주제 키워드

- 강남역 고기집
- 강남역 파스타
- 강남역 술집
- 강남역 점심
- 강남역 초밥

그런데 외식업에서 적용하기는 어렵지만, 핸드폰 수리 또는 파충류 숍 등 목적형 업종에서는 매우 효과적이다. 예를 들어, '강남 아이폰' 처럼 핸드폰 수리와 관련된 키워드로 검색하는 소비자가 많을 때는, 상호에 '아이폰 수리'라는 키워드를 과감히 포함시키는 것이 좋다. 실제로 '아이폰'이라는 키워드를 네이버에서 검색하면, 관련 상호가 결과로 노출되는 것을 확인할 수 있다.

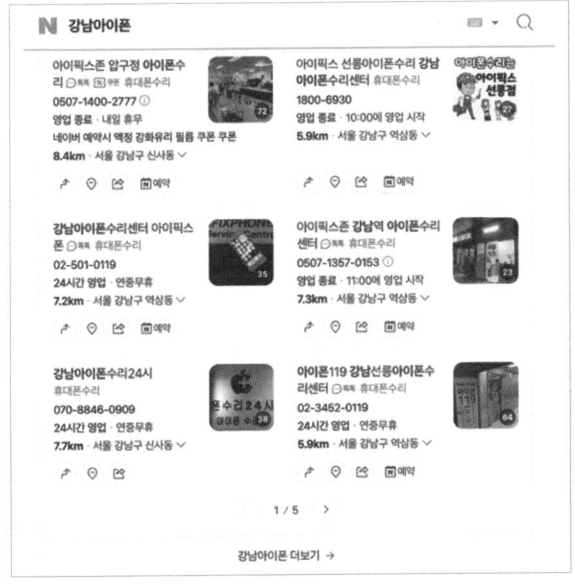

상호명 변경으로 네이버플레이스 상위 노출 예시

아래는 2024년 9월 9일에 '천안 파충류'라는 키워드로 검색했을 때, 네이버 플레이스 순위다. 이를 통해서도 목적형 업종이라면, 상호명 에 필수 아이템 키워드를 포함시키면 긍정적인 효과를 얻을 수 있음을 알 수 있다. 실제로 '파충류' 관련 키워드를 상호명에 포함한 후, 즉시 천안 파충류 검색 결과에서 1페이지 1등을 달성한 사례가 있다. 이를 근거로 본인의 업종이 목적형인지, 그리고 검색되는 키워드가 많은지 반드시 확인해야 한다. 특히 창업을 앞둔 경우, 상호를 신중하게 선택하는 것이 중요하며, 이미 장사를 하고 있는 경우에도 다시 한번 검색 결과를 점검해 보길 권장한다.

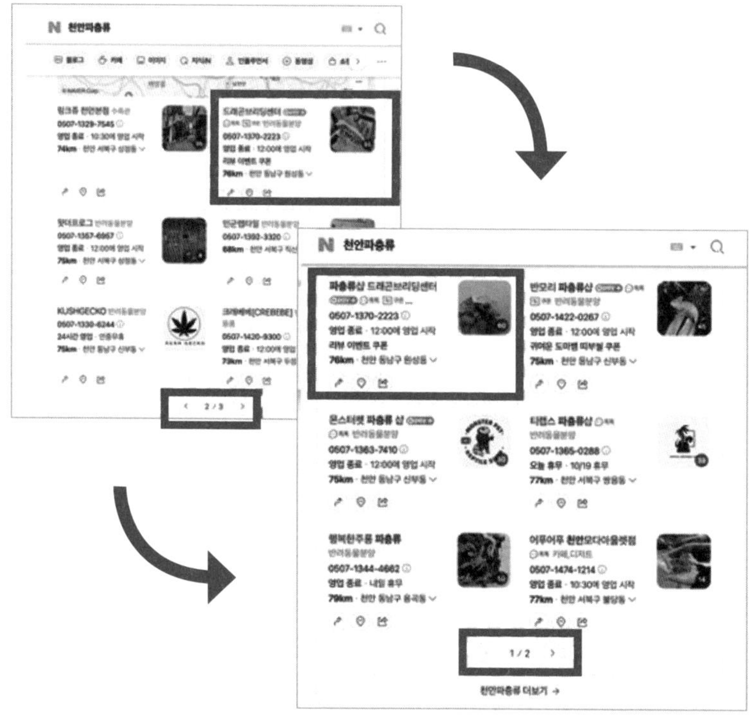

(좌)24/9.9 상호명 변경 전, (우)24.10.19 상호명 변경 후

네이버 플레이스
리워드의
악용 사례

잠시 언급한 네이버 플레이스 리워드에 대해 더 정확히 설명하자면, 불특정 고객이 특정 행동을 하면 혜택을 받는 시스템이다. 예를 들어, 플레이스 방문, 리뷰 작성, 알림 설정, 저장하기 등을 진행하면 포인트를 주는 것이다. 따라서 고객 참여를 유도해 강제로 트래픽을 발생시킬 수도 있다.

보통 리워드 참여자는 토스, 배민과 같은 앱이나 플랫폼을 통해 모집되며, 참여자는 포인트를 받고, 리워드 모집사는 작업 건수를 마케팅 대행사에 넘긴다. 이후 대행사는 이를 매장에 다시 판매하는 구조다.

이는 어뷰징에 해당하지만, 네이버가 이를 완전히 감지하거나 차단하지 못하는 경우가 많다. 특히, 초기 매장은 자연 트래픽을 만들기 어려워서 이런 방법을 쓰는 경우가 많다. 이에 많은 자영업자가 리워드의 늪에 빠지지 않도록 올바른 리워드 사용법에 대한 내용을 정리해 본다.

🔍 리워드 활용법

대다수의 마케팅 업체는 리워드 작업을 통해 인위적으로 트래픽을 발생시키고, 이를 기반으로 플레이스 순위를 상승시키는 방식을 제안하는 경우가 많다. 하지만 이런 방식은 중단했을 때 순위를 급격히 하락하게 만들어 자영업자들이 마케팅 업체에 의존하게 만든다.

쉽게 설명해, 특정 키워드(월 검색량 5만 건)에 대해 1월 자연 유입이 1,000건이었다면, 2월에 리워드 작업을 통해 유입량을 3만 건까지 끌어올린다. 이후 3월에 리워드 작업을 중단했을 때, 다시 1,000건 수준으로 떨어지게 한다. 순위도 당연히 하락한다.

이런 방식은 네이버에서도 이상 현상으로 감지될 가능성이 높고, 최악의 경우 페널티를 적용받아 플레이스가 비활성화되는 결과를 초래할 수 있다.

🔍 리워드 사용의 예시

1. ○○ 매장 사장이 ○○ 매장 네이버 플레이스 저장하기

1건당 50원에 마케팅 대행사에 의뢰

2. 마케팅 대행사가 건당 30원에 각종 리워드 회사에 의뢰

차익 20원 발생(마케팅사 수익)

3. 토스 ○○ 매장, 네이버 플레이스에 가서 저장하기

고객이 참여하여 해당 이벤트 실행 3~10원 포인트 적립, 차익 20~27원

(원청사 수익)

☒ 리워드의 잘못된 사용법

경쟁이 치열한 업종에서는 초기 트래픽을 강제로 발생시켜 순위를 올리려는 유혹이 있을 수 있다. 이 경우 전체 유입량의 10~20% 정도 수준의 리워드를 발생시키는 것은 상대적으로 합리적인 전략으로 볼 수 있다.

예를 들어, 월 검색량 5만 건인 키워드에서 1월 유입량이 1,000건이라면, 2월에는 자연 유입 2,000건(네이버 SEO, SNS 등의 유입)과 함께 리워드 5,000건을 추가해 총 7,000건을 기록하도록 관리하는 식이다. 이후 3월에도 자연 유입 3,000건과 리워드 5,000건을 유지하면서 점진적으로 유입을 늘린다.

*예시

월	자연유입량	리워드 작업 유입량	총 유입량	순위 변화
1월	1,000	0	1,000	낮음
2월	1,000	30,000	31,000	상위 노출 달성
3월	1,000	0	1,000	순위 급락, 이상 감지

○○키워드-월 검색량 50,000건

☑ 리워드의 올바른 사용법

다음 표를 통해 매월 자연 유입의 증가와 리워드 작업 유입량을 더해 전체 유입량을 확인할 수 있다. 이를 바탕으로 적절한 리워드 작업 비율을 설정하고 관리할 수 있다.

월	자연유입량(SNS, 네이버 SEO 등)	리워드 작업 유입	총 유입량
1월	1,000	0	1,000
2월	2,000	5,000	7,000
3월	3,000	5,000	8,000

○○키워드-월 검색량 50,000건(10~20%)리워드

리워드를 사용할 경우, 대형 키워드보다는 매장과 연관성 높은 중소형 키워드에 집중하고, 검색량의 10~20% 수준만 활용하는 것이 적합하다. 하지만 근본적인 문제가 해결되지 않으면, 결국 리워드 작업에 의존할 수밖에 없다. 이 점을 반드시 유념에 두고, 리워드를 사용해야 한다.

마케팅은 단기간에 성과를 얻는 것이 아니라, 꾸준한 콘텐츠 생성과 관리로 장기적인 기반을 쌓아가는 과정이다. 또한 불법 프로그램을 통한 트래픽 조작이나 영수증 리뷰 작업 같은 방식은 매우 위험하므로 절대 사용해서는 안 된다.

더 자세한 활용법은 도서 《깡대표의 마케팅의 모든 것》에 아주 자세하게 써두었으니 필요하다면, 참고하길 권한다.

지혜로운 SNS 운영은 매장을 더 빛나게 한다

이어서 일반적으로 가장 많이 이용하는 SNS인 블로그와 인스타그램에서 마케팅하는 비결에 대해 다뤄보려 한다.

먼저, 블로그에는 대표적으로 '체험단'이 있다. 그런데 이를 활용할 때, "알아서 해주세요."라고 맡기는 경우가 있다. 하지만 똑같은 돈을 들여 체험단을 운영하더라도, 구체적인 요구사항을 제시한다면, 훨씬 더 효율적으로 마케팅 비용을 쓸 수 있다.

예를 들어, 글자 수 2,000자 이상, 대표 키워드 5개 삽입, 사진 10장 이상, 동영상 3개 이상을 요청하는 경우, 해당 게시물은 네이버의 검색 최적화 기준에 부합할 가능성이 높아져서 네이버에서 원하는 키워드로 상위 노출될 확률이 훨씬 높아진다. 이뿐만 아니라 그 글을 본 사용자가 네이버 플레이스로 유입되고, 실제 구매 전환까지 이루어진다면, 네이버는 이를 매우 긍정적으로 평가하게 된다. 왜냐하면 네이버는 다른 플랫폼에서 유입된 고객이 네이버 생태계 안에서 결제까지 이어지는 과정을 선호하며, 높은 배점을 부여하고 있어서다.

따라서 블로그 체험단을 활용할 때는 구체적인 지침을 주고, 최대한 최적화된 게시물을 받는 것이 중요하다. 만약 요구사항 설정이 어렵다면, "해당 키워드로 상위 블로거가 쓴 것처럼 작성해 주세요."라고 전달해도 좋다.

한편, '블로그 거지'라 불리는 체험만 받고, 실질적인 홍보 효과는 없는 참여자들이 발생할 수 있다. 이를 방지하기 위해 체험단 모집 공고에 '4인 이상 금지', '주류 섭취 금지', '포장 불가' 등 몇 가지 조건을 명시하면, 불필요한 비용을 줄이고, 마케팅 효과를 높일 수 있다.

일반적으로 마케팅 비용은 월 매출의 3~5%를 꾸준히 사용하는 것이 바람직하며, 이는 지속적인 고객 유입과 매출 성장을 위한 기본적인 투자라고 할 수 있다.

다음으로 인스타그램이다. 2024년 기준으로 인스타그램의 월간 활성 사용자 수는 약 20억 명으로, 세계 3위의 소셜 미디어 네트워크다. 그만큼 세계적으로 인기를 누리고 있으며, 국내 사용자 수도 꾸준히 늘고 있다. 심지어 최근 국내 검색 시장에서 네이버를 빠르게 추격하면서 성장세가 두드러지고 있다. 특히 젊은 세대에서 특정 지역의 맛집이나 놀거리를 찾을 때, 네이버보다 인스타그램을 더 많이 활용하는 경향이 나타나고 있다. 이는 곧, 모든 자영업자가 네이버 마케팅에만 집중해서는 안 되며, 변화하는 흐름을 파악할 필요가 있음을 시사한다.

그렇다면 인스타그램 마케팅이 왜 중요할까? 바로 사용자들이 댓글, 태그, 공유 기능을 통해 정보를 확산시키는 바이럴 즉, 입소문이 자연스럽게 폭발적으로 이루어져서다. 그것도 돈 들이지 않고 말이다. 그런데도 여전히 "핸드폰과 인터넷을 잘 못 다뤄요.", "어떤 글을 써야 할지 모르겠어요.", "사진을 잘 못 찍어서 올리기 두려워요."라며 주저하는 이들이 있다. 하지만 우리의 목적은 인플루언서가 되는 게 아니라 장사가 잘되기 위해 매장을 알리는 데 있다. 이 사실을 인지한다면, 어떻게 시작해야 할지 판단이 서리라 예상한다.

만일 전혀 감을 잡지 못하겠다면, 인스타그램 게시글이 전국적으로 화제가 되어, 자연스럽게 입소문을 타고 매출이 상승한 치킨집 사례를 참고해 보자. 이 치킨집은 어떻게 인스타그램을 활용했을까? 화려한 글? 사진작가급의 사진 실력? 엄청난 마케팅 비용 투자? 인플루언서를 동원한 영상? 놀랍게도 이런 요소는 전혀 없었고, 오직 청소 인증 사진 한 장뿐이었다.

그럼 왜 이 청소 인증 사진이 소비자들 사이에서 바이럴이 되고, 칭찬을 받았을까? 바로 온라인에 고객이 알 수 있게 공개한 덕분이다. 물론 외식 업계 종사자는 '청소는 당연한 것 아닌가? 나는 매일 열심

히 청소하는데?'라고 생각할 수 있다. 여기서 질문 하나 한다. "그렇게 열심히 청소하는 것을 고객들이 어떻게 알까요?" 다시 말해, 우리는 매장에 대한 사소한 정보라도 고객에게 알릴 필요가 있다.

가령, 스시 전문점이라면 오늘 어떤 신선한 생선이 들어왔는지, 주방 청소는 어떻게 진행되는지, 도마 관리는 어떻게 하는지 등을 콘텐츠로 공유할 수 있다. 네일아트 매장이라면 어떤 젤을 사용하는지, 위생 관리를 어떻게 하고 있는지 등도 보여줄 수 있다. 이런 소소한 일상을 꾸준히 올리는 것이다.

한번 더 강조하지만, 화려한 글솜씨나 감성적인 사진과 동영상이 필요한 게 아니다. 매일매일 내 매장을 알린다는 목적으로, 매장에 대한 사소한 정보를 꾸준히 올리는 것부터 시작하면, 그것이 곧 내 매장의 콘텐츠가 된다.

게다가 이런 꾸준함은 언제, 어디서 기회가 되어 돌아올지 모른다. 최근 핫한 '대나무행주 아저씨'만 봐도 충분히 이해되는 부분이다. 그저 대나무행주를 빨면서 노래를 불렀을 뿐인데, 이 영상들의 누적 조회수가 갑자기 수백만 회가 나왔다.

다만, 매장 계정을 운영할 때, 몇 가지 주의할 사항이 있다. 그 다섯 가지는 다음과 같다.

1. 개인 계정과 매장 계정 분리해서 운영하기

2. 팔로워 수에 절대 집착하지 말기

3. 맞팔, 선팔에 시간 낭비하지 말고, 매장의 본질 강화에 힘쓰기

4. 꾸준히 매장에 대한 콘텐츠 올리기

5. 항상 내 매장 주변에서 누군가가 보고 있음을 기억하기

한마디로 자영업자로서 장사를 하고 있다는 사실을 반드시 인지해야 한다는 것이다. 고객들은 내 매장에 대해 궁금해하는 것이지, 가게 사장이 무엇을 먹고, 어디에 놀러 가는지 알고 싶어 하지 않는다. 이러한 이유로 고객이 내 매장을 검색했을 때, 매장에 대한 정보를 제공하는 데 집중해야 한다.

또한, 매장 계정을 운영하다 보면 팔로워 수에 집착해 '성과가 좋지 않네.', '맞팔, 선팔을 해야 하나?'와 같은 생각이 들 수 있다. 하지만 매장의 본질을 챙기기에도 바쁜 시간이다. 그러니 인플루언서가 되려는 욕심을 부리기보다는 앞에서 언급한 치킨집 사례처럼, 꾸준히 매장의 본실을 알리는 일에 정성을 들이자. 그렇게 조금씩 매일 쌓아가다 보면, 결국 매장 홍보라는 목적을 이루게 될 테다. 가장 중요한 건 꾸준한 트래픽이지 팔로워 수가 아니다. 이 부분을 반드시 명심하고 계정 운영을 해야 한다.

내 가게를 브랜딩 하라

6 자영업자를 위한 마인드셋

내 가게를 브랜딩 하라

얘기했듯이 자영업자는 A부터 Z까지 스스로 책임져야 하는 위치에 있다. 이에 따라 부담감이 어깨를 짓누르기도 한다. 하지만 몇몇 주의사항을 고려해 마인드 세팅을 해두면 예상치 못한 상황에서도 중심을 잃지 않고 버틸 힘이 생긴다. 지금부터는 이와 관련한 이야기를 나눠보려 한다.

사업을 시작할 때는 내가 고객에게 어떤 가치를 제공하고 싶은지를 먼저 고민하는 것이 중요하다. 어렵게 생각할 필요는 없고, 무엇을 파는 매장인지, 어떻게 파는 매장인지부터 시작하면 된다. 예를 들어,

김치찌개 매장이라면 단순히 김치찌개를 파는 것이 아니라, 할머니나 어머니가 끓여주던 정겨운 맛을 전하는 매장일 수 있다.

이처럼 아이템이 정해지면, 고객에게 주고 싶은 가치를 담아 브랜드 네이밍도 그에 어울리게 붙여야 한다. 만일 커피를 아이템으로 선정했다면, 단순한 커피가 아니라 강한 풀바디감의 스페셜티 아메리카노를 팔고 싶다는 가치를 담을 수 있다. 그런 다음, 이를 표현할 수 있는 상호를 정하는 것이 중요하다. 참고로 'FULL CAFFEIN'은 내가 카페 브랜드를 기획하기 위해 준비해 둔 네이밍인데, 강한 커피를 직관적으로 연상시켜 준다. 이처럼 상호를 정할 때는 심플하고, 직관적으로 매장이 무엇을 파는지 담고 있다면 가장 이상적이다.

크몬에서 5만원을 주고 마든 상호(상표등록이 되어 있어서 사용하시면 안됩니다)

이제 이탈리아의 느낌을 주고 싶다고 가정하고, 매장의 소품과 공간을 이탈리아의 감성을 담아 기획하면, 이 브랜드는 이탈리아 현지의 분위기를 가지고 온 스페셜티 원두를 판매하는 카페로 자리 잡을 수 있다. 메뉴 구성도 다음과 같이 이탈리아의 느낌을 강조할 수 있다. 에스프레소 원두 2종류, 아메리카노 원두, 에스프레소 콘 판나, 아포가토, 그리고 시그니처 라테(영국 왕실 우유 사용), 바닐라라테, 아인슈페너 버터크림라테, 깔루아라테, 바스크 치즈케이크, 당근라페 샌드위치 같은 메뉴가 있다면, 소비자들은 이 브랜드가 이탈리아 감성을 담은 카페임을 확실히 인지할 것이다.

크몽에서 20만원을 주고 만든 렌더링 초안

더 나아가 시그니처 메뉴를 개발해, 브랜드의 아이콘으로 만드는 것이 중요하다. 시그니처 메뉴는 고객이 이 카페를 기억하고, 다시 찾게 만드는 핵심 요소가 된다. 시그니처 라테로 선정한다면, 영국 왕실 우유라는 프리미엄 저지 우유를 매장에 디스플레이하고, '왕실 우유를 사용하는 라테'로 강조할 수 있다. 실제로는 우유 블렌딩을 통해

166

왕실 우유 5%만 넣어도 충분히 프리미엄 이미지를 전달할 수 있다. 또한, 바스크 치즈케이크에는 '이탈리아에서 공수한 마스카르포네 치즈 사용'이라는 설명만으로도 소비자의 신뢰도가 상승할 것이다. 당근라페 샌드위치도 "이탈리아 여행 중 먹었던 ○○식당의 레시피를 그대로 가져왔다."라는 스토리를 덧붙이면, 더 큰 신뢰를 얻을 수 있다. 여기에 브랜드 스토리텔링을 더해 "이탈리아에서 10년간 유학 생활을 하며, 현지의 진짜 맛을 재해석했다."는 식으로 설명한다면 완벽하다.

ex) 시그니처 라떼

더불어 시그니처 메뉴를 강조하려면, 메뉴의 유래나 특별한 재료에 대한 스토리텔링을 추가하는 것이 좋다. 메뉴와 관련한 스토리를 들음으로써 단순히 메뉴를 즐기는 것을 넘어 브랜드 철학까지 경험하게 하면, 브랜드 충성도를 높일 수 있어서다.

여기까지의 내용을 하나의 공식으로 정리하자면 '로고+스토리+메뉴+인테리어+슬로건=브랜드 형성'으로 나타낼 수 있다.

가게에 스토리를 입혀라

가게의 스토리는 필수 요소다. 하지만 많은 사장이 가게의 스토리를 만드는 데 어려움을 느낀다. 사실, 스토리는 내 매장에서 강조할 수 있는 부분을 잘 살리기만 하면 된다. 만일 메뉴가 수제로 만들어진다면 그 점을 강조할 수 있고, 사용하는 재료가 미슐랭 출신 셰프가 만든 면이라면 이를 내세우면 된다. 사장이 유학 경험이 있다면, 그 과정에서 얻은 증명서나 사진 등을 활용해 스토리를 만들어 나갈 수 있다.

혹, 파스타 매장을 운영하는데, 호주 워킹홀리데이 경험이 있다면, 이를 스토리로 풀어내라. "호주에서 파스타를 공부하고, 유명 식당에서 배운 경험을 바탕으로, 프랑스산 밀가루와 버터를 사용한 파스타를 선보인다."라는 내용만으로도 고객은 음식을 먹기 전부터 신뢰를 느낀다. 즉, 작은 요소라도 잘 엮어 나가면, 고객에게 매장만의 차별화된 스토리를 전달할 수 있다.

여기에 더해 고객과 소통을 해 나가면 그 가게만의 스토리가 생기기도 한다. 특히, 네이버 플레이스 추천 상위 5개의 리뷰는 많은 고객이 참고하는 중요한 부분이므로, 반드시 답글을 남기는 게 좋다. 또 고객이 남긴 리뷰를 바탕으로 가게의 장점을 강조하고, 특별한 메뉴나 서비스에 대한 정보를 제공하면, 고객과의 관계를 더욱 강화할 수 있다.

답글을 통해 메인 메뉴나 알리고 싶은 메뉴를 자연스럽게 홍보하는 일도 잊지 말자. 리뷰를 본 다음 고객들이 참고해 해당 메뉴를 추가 주문할 수 있도록 유도할 수 있다면, 똑똑한 전략이다. 가령, "이 메뉴를 맛있게 드셨다면, 저희 신메뉴도 꼭 추천드립니다!" 같은 댓글은 고객의 관심을 끌 수 있다. 이렇게 리뷰와 답글을 통한 추가 주문은 단순한 소통을 넘어, 매출로 이어지는 중요한 기회다.

따라서 답글은 고객에게 감사 인사를 전할 뿐 아니라, 가게의 성실함과 정성을 보여줄 수 있는 수단이다. 더불어 잠재 고객에게도 긍정적인 인상을 남기고, 매장에 대한 신뢰를 형성할 수 있다. 그러니 매일 고객에게 최선을 다하고 있다는 메시지를 강조하면서, 재방문을 끌어내는 소통을 이어 나가자.

고객들이 이런 활동을 항상 보고 있음을 기억해 두자. 그 과정에서 고객의 인식이 바뀔 수 있고, 그 글을 읽는 동안 머무는 시간이 늘어남을 인지하고 있다면, 모든 순간의 실천이 의미 있게 다가올 것이다.

오토 매장을 꿈꾼다면 시스템부터 갖춰라

모든 사장의 꿈은 '오토 매장'일 것이다. 하지만 현실에서는 주먹구구식으로 운영하면서 "왜 안 돌아가느냐?"라고 하면서 답답해하는 경우가 많다.

오토 매장을 만들고 싶다면, 사장이 없어도 돌아가는 구조 즉, '시스템화'가 되어 있어야 한다. 그 핵심이 바로 매뉴얼, 체크리스트, 가이드라인이다. 매뉴얼은 일의 순서와 기준을 정리한 것이고, 체크리스트는 그것을 확인하고 점검하는 도구이며, 가이드라인은 잘된 예시와 잘못된 예시를 비교하며 직관적으로 이해시키는 시각 자료다.

"장사를 하면서 가장 힘든 점이 무엇이냐?"라는 질문을 받으면, 다들 '직원 관리'라고 말한다. 나 역시 오랜 시간 장사를 해오며 수많은 직원을 겪었고, 그 과정에서 많은 고민이 있었다. 사람마다 성격도 다르고, 일하는 방식도 달랐기 때문이다. 때로는 열심히 하려는 직원과 갈등이 생기기도 했고, 기대한 만큼 성과가 나오지 않아 실망한 적도 많았다.

그 와중에 한 권의 책을 접하게 되었고, 내 사업 철학에 큰 전환점이 되었다. 바로 토머스 디에리의 저서 《당신의 비즈니스를 변화시킬 이야기》다. 이 책은 미국의 한 세차장 사업가의 이야기로, 연 매출이 무려 200억 원에 달하는 성공 사례를 다룬다. 놀라운 점은 그 세차장의 직원 중 약 80%가 자폐 스펙트럼을 가진 사람이었다는 사실이다.

보통 우리는 자폐가 있는 사람들과 복잡한 사업을 함께하는 것이 어렵다고 생각한다. 하지만 이 세차장은 그 편견을 완전히 깨뜨렸다. 도대체 어떻게 이런 인력 구성으로도 고성과를 낼 수 있었을까? 그 핵심에는 매뉴얼과 체크리스트가 있었다. 이렇듯 정확한 기준표와 사진, 도식이 더해진 매뉴얼과 체크리스트가 완벽하게 갖춰져 있으면, 초보자도, 자폐가 있는 사람도 누구나 고성과를 낼 수 있는 환경이 된다. 이것이 곧 '시스템'이다. 시스템이라고 하면 뭔가 거창해 보이지만, 실상은 그렇지 않다. 그저 누구나 따라 할 수 있는 환경을 만들면 된다.

사업에서 가장 중요한 능력 중 하나는, 누가 와도 동일한 품질과 성과를 낼 수 있게 만드는 것이다. 즉, 직원의 역량에 의존하지 않고도 안정적인 운영이 가능해야 한다. 이를 위해 필요한 것이 바로 정밀하게 설계된 매뉴얼과 체크리스트다. 단순히 "매뉴얼이 있다."라고 말하는 것이 아니라, 초등학생이 와도 보고 따라 할 수 있을 정도로 구체화되어 있어야 한다.

예를 들어, 화장실 청소 하나를 시킨다고 해도, 어떤 솔을 써야 하는지, 어떤 세제를 어디에서 꺼내야 하는지, 어느 위치를 어떤 순서로 닦아야 하는지, 마무리는 어떻게 하는지, 기준이 되는 사진은 어떤 모습인지 등의 항목을 세세하게 문서화하고, 실제 예시 사진을 함께 넣어야 한다. 왜냐하면 사람마다 생각이 다르기 때문이다.

이 매뉴얼과 체크리스트는 한번에 완성되지 않는다. 여러 시행착오를 거쳐 수시로 보완해야 하며, 매장마다 운영 방식에 따라 달라질 수밖에 없다. 대표적인 사례로 맥도날드를 들 수 있다. 그들의 매뉴얼과 체크리스트를 보면, 놀라울 정도로 세밀하다. 물론 우리가 그 수준까지 만들기는 어렵겠지만, 그에 준하는 노력을 계속해 나가는 것이 중요하다.

나 역시 초반에는 내가 보기에 편하게 매뉴얼을 작성했었다. 그 결과, 매뉴얼은 있었지만, 직원마다 다르게 해석하는 일이 생겼다. 사람은 누구나 자신의 방식이 옳다고 생각한다. 직원 입장에선 성심껏 일한 것이지만, 사장 입장에선 비효율적이라 여길 수 있다. 이러한 주관의 충돌이 결국 직원과 사장 간 갈등의 본질이다.

하지만 정확하게 정리된 매뉴얼이 있다면 이야기는 달라진다. "이건 이렇게 해야 해."라는 말이 감정이 아닌 '기준'으로 전달된다. 그러면 직원도 억울하지 않다. 자기가 무엇을 어떻게 해야 하는지가 명확한 덕분이다. 이 매뉴얼은 단순한 관리 도구가 아니라, 직원의 만족도와 애사심을 끌어올리는 도구이기도 하다. 기준 안에서 일을 잘 해내고, 사장의 칭찬을 받으면, 자존감이 높아지고, 자연스럽게 애사심도 생긴다.

한편, 자영업자 모임에서 자주 듣는 말이 있다. "나는 직원 복이 없어요.", "괜찮은 직원이 안 들어와요.", "직원이 금방 그만둬요." 그러나 이런 말을 하기 전에, 스스로에게 질문해봐야 한다. "나는 우리 매장을 위해 직원들이 참고할 수 있는 매뉴얼과 체크리스트를 정성스럽게 만들었는가?"

쓰레기 버리는 방법 하나에도 기준이 없는데, 직원이 매뉴얼 없이 스스로 깨닫기를 바라는 건 무책임한 일이다. 매장 2~3개는 사장이 직접 뛰면 어떻게든 운영할 수 있다. 그런데 그 이상 확장하고, 진짜 '비즈니스'를 하고 싶다면, 사람이 아닌 시스템에 투자해야 한다. 그것이 '진짜 오토 매장'을 만드는 유일한 방법이다. 매뉴얼이 곧 시스템이며, 시스템이 곧 복제 가능한 당신의 성공이다.

좋은 분위기의 매장은 사람이 남는다

어느 매장에 들어갔을 때, '느낌이 좋다.'라는 생각이 들 때가 있다. 반대로 아무리 인테리어가 좋고 음식이 맛있어도, 무거운 공기와 불편함이 감도는 곳이 있다. 그 차이는 바로 '분위기'에서 비롯된다. 그리고 이 분위기는 인테리어가 아니라, '사람'과 '시스템'이 만든다. 그만큼 분위기는 눈에 보이지 않지만, 가장 강력한 무기다.

놀랍게도 이런 분위기는 고객에게도 전달된다. 직원끼리 눈치를 보거나, 사장이 지시만 하는 곳에서는 긴장감을, 서로 웃으며 일하고, 자연스럽게 따스한 말이 오가는 곳에서는 긍정적인 에너지를 받는다. 음식 맛이나 가격, 인테리어보다도 느낌이 먼저 작용하는 셈인데, 이때의 감정에 따라 재방문 여부가 달라진다. 만일 좋은 분위기를 유지하고 싶다면, 반드시 일정 수준의 시스템이 뒷받침되어야 한다.

한편, 직원 간 갈등이 잦고 분위기가 나쁜 매장에는 공통점이 있다. 역할이 불분명하고, 존중이 부족하다는 것이다. 누가 뭘 해야 하는지 정해져 있지 않으면, 감정이 쌓이기 쉽다. '왜 나만 일하지?', '쟤는 왜 대충하지?' 이런 불만이 점점 커지고, 결국 말이 사라지며, 에너지가 무거워진다. 이 문제 역시 매뉴얼과 체크리스트의 부재에서 비롯된다.

모든 업무가 명확하게 정리되어 있고, 누가 언제 무엇을 해야 하는지 정해져 있다면, 서로 탓할 일이 없다. 그 위에 서로를 존중하는 문화가 더해진다면, 매장은 따뜻한 분위기를 가질 수 있다.

직원 복지를 말할 때 우리는 흔히 '급여', '휴무', '보너스'를 떠올린다. 물론 중요하다. 그러나 그보다 더 중요한 복지는 일하면서 스트레스를 덜 느끼고, 정서적으로 편안한 분위기다. '사장님이 날 믿어준다.', '힘들면 이야기할 수 있다.', '우리끼리 서로 다투지 않는다.' 이런 생각을 가진 직원은 돈보다 마음에 따라 매장에 남는다. 좋은 분위기는 인재를 붙잡는 가장 강력한 복지인 셈이다.

심지어 분위기가 좋은 매장은 출근을 하지 못 하게 될 상황이 생기면, 자기 대신 일할 사람을 구하려고 노력한다. 왜냐하면 좋은 분위기를 스스로 깨고 싶지 않고, 본인이 빠지면 내 동료가 힘들 걸 알고 있어서다.

나 역시 직영점 5개를 운영하며 분위기만큼은 가장 신경 써왔다. 일하는 사람들이 불편하지 않기를 바랐고, 매장이 화합의 장이 되기를 바랐다. 그런 마음이 쌓여, 내가 굳이 매장에 없어도 잘 돌아가는 구조가 형성되었다.

시스템과 분위기는 따로 가지 않는다. 시스템이 없으면 분위기도 깨진다. 지시가 오락가락하고, 말이 매번 바뀌고, 누가 뭘 해야 할지 모르면, 서로 짜증만 난다. 시스템이 갖춰져 있어야 직원들은 자기 일에만 집중할 수 있고, 그 안에서 자율성과 존중이 자라난다.

이렇듯 좋은 분위기는 그냥 생기는 것이 아니다. 시스템이 자리를 잡고, 서로에 대한 신뢰가 생기며, 그로부터 천천히 만들어지는 것이다. 무엇보다 사장이 정을 준다고 생기는 게 아니다.

타협을 하는 순간 소리 없는 몰락이 시작된다

어떤 이는 자영업을 '자유로운 삶'이라 말한다. 상사의 눈치를 보지 않아도 되고, 퇴근 시간도 내가 정하며, 휴가도 원하는 때에 가진다고 말이다. 맞는 말이다. 하지만 반만 맞다. 진실은 그 자유 뒤에 숨어 있다.

자영업자는 누구도 나를 감시하지 않는 '감옥'에 들어가게 된다. 겉으로는 자유로워 보이지만, 안으로는 창살 없는 감옥 속에 갇힌 죄수가 되는 것이다. 생각해 보라. 하루 12시간, 주 7일을 한 장소에 있는 것이다. 하루이틀도 아니고, 6개월, 1년씩 그렇게 지낸다면, 사실상 감옥과 다를 바 없다.

이렇게 지속적으로 살다 보면 타협이 시작된다. 누가 시키는 사람이 없기 때문이다. 그래서 일찍 안 나가도 아무도 뭐라 하지 않는다. 대충 준비해도 잔소리하지 않는다. 문제는 바로 그 자유가 게으름과 타협할 수 있는 여지를 준다는 점이다.

'오늘 조금 피곤하니까 내일 정리해야지.', '오늘 손님이 없으니 홍보는 다음 주에 하지 뭐.', '장부 정리는 나중에 몰아서 할까?' 이렇게 미루다 보면, 어느 순간 가게가 굳어버린다. 가게가 굳고, 내가 굳기 시작하면, 매출은 서서히 떨어지기 시작한다.

갑자기 떨어지는 게 아니다. 서서히 갉아먹듯 들어온다. 아침엔 문 열고, 바쁜 점심시간을 지나, 오후엔 치우고, 밤엔 마감. 이 루틴은 언뜻 보면 안정적이지만, 실은 생각을 멈추게 만든다. 늘 똑같은 메뉴,

똑같은 손님, 똑같은 셀프 광고에 의해 감각이 무뎌진다. 손님이 줄어들어도 '계절 탓이겠지.', 배달이 안 나가도 '요즘 다 그렇다.'라며 스스로를 위로한다. 이건 무서운 착각이다. 그리고 진짜 지옥은 고통이 아닌 '무감각' 속에 있다.

몰락은 소리 없이 온다. 뒤늦게 깨달아봤자 이미 너무 많은 시간이 흘러 있고, 떨어진 손님을 다시 오게 하는 일은 몇 배는 더 힘들다. 나태는 자영업을 조금씩 갉아먹는다. 하루 한두 개의 미룸, 한두 번의 대충대충. 그걸 쌓아가다 보면, 어느 순간 가게가 내 마음처럼 무너져 있다. 주방은 정리가 안 되고, SNS는 몇 달째 멈춰 있고, 홀 분위기는 쓸쓸하고, 직원은 무기력하고, 나는 점점 짜증만 늘어난다. 이게 다 하루이틀의 결과가 아니다. '내가 조금만 더 했더라면.'이라는 후회를 해봤자 아무 소용 없다.

누구도 간섭하지 않기에, 누구도 구해주지 않는다. 회사라면 누군가 보고하고, 실적이 안 나오면 상사가 부르고, 경고장이라도 날아온다. 하지만 자영업은 고객이 줄어도, SNS에 먼지가 쌓여도 누구두 '왜 안 했느냐?'라고 묻지 않는다. 그러니까 무너져도 아무도 모른다. 심지어 나 자신도 모른 채 그렇게 멍하니 주저앉는다. 이게 자영업의 진짜 무서운 점이다. 누구도 꾸짖지 않지만, 누구도 도와주지 않는 삶. 자영업은 결국 '내가 나를 얼마나 다룰 수 있느냐'의 싸움이다.

자유를 어떻게 사용하는가에 따라 성장은 날개가 되기도, 쇠사슬이 되기도 한다. 그래서 반드시 내가 해야 하는 업무들을 억지로라도 만들어놔야 한다. 내가 하지 않으면 안 되는 환경 설정값을 만들어놔야 유지가 된다는 것이다.

이 나태함이 무서워서 장사를 하면서 매주 1회씩 과천에서 군산에 다녀왔고, 메뉴 개발은 지금도 직접 하고 있으며, 가맹 미팅 등 내가 반드시 하지 않아도 되는 업무를 일부러 맡기도 한다. 이와 더불어 내가 내 매장을 지키기 위해 주기적으로 점검하는 항목이 있다. 더 자세한 내용을 아래에 첨부해 두었으니, 자영업은 내가 내 손으로 부수고 나가야 하는 창살임을 염두에 두길 바란다.

이게 전부가 아니다. 매일 하루 루틴에 질문을 던져라. "이건 왜 하고 있지?", "다른 방식은 없나?" 또 SNS, 리뷰, 고객 반응을 매일 점검해라. 감각을 잃지 않는 것이 생존이다. 일주일에 한번은 가게 밖에서 새로운 영감을 얻어라. 맛집도 가보고, 성공하는 매장도 방문해 보는 것이다. 직원 교육과 고객 응대에도 긴장을 놓지 마라. 작은 디테일 하나가 가게의 분위기를 바꾼다. 무엇보다 내가 사장이라는 사실을 늘 상기하라. 사장이라면 자신을 매일 갈고닦아야 한다.

자영업은 자유롭다. 하지만 그 자유를 다스리지 못하면, 곧 나태와 무관심이라는 지옥이 되어 돌아온다. 사장은 자신이 만든 감옥 속에 갇히기도, 그 감옥을 부수고 날아오르기도 한다. 열쇠는 언제나 내 손에 있다.

내 매장을
지키기 위한
점검 항목

1. 고객 록인(Lock-in)하기

내가 운영하는 매장은 적립률 7%로 고객을 록인 중이다. 7%가 많아 보일 수 있지만, 열네 번 구매 시 한 번 무료로 제공한다고 볼 수 있다. 가령, 열네 번 방문할 때마다 10,000원짜리 메뉴를 주문하고, 열다섯 번째에 무료 제공을 했다면, 매장 입장에서는 원가로 약 3,500원을 투자한 셈이다. 만일 지인과 함께 와서 식사했을 때는 이득이 되는 구조다. 이 밖에도 앞치마, 가글, 머리끈 등을 비치해 두어 고객 편의 사항까지 챙긴다면 재방문율을 높일 수 있다. 참고로 '1992덮밥&짜글이' 강남 본점 매장 재방문율은 약 45%다.

2. 가게 손익 관리하기

월 마감은 가게 운영에서 빠트려서는 안 되는 과정이다. 월말마다 수익과 지출을 정확히 분석해 문제점을 발견하고, 즉각 대응하는 작업은 매우 중요하다. 예를 들어, 인건비가 30%로 너무 높게 나왔다면, 공정 프로세스를 개선하거나 업무 효율을 높여, 인건비를 줄이는 방법을 찾아야 한다. 또, 원가율이 전월 대비 5% 상승했다면, 식자재 비용이 증가했을 가능성이 높으므로, 이를 분석하고 대체할 수 있는 식자재를 찾아 원가를 절감해야 한다.

다시 말해, 단순히 이번 달 통장 잔금이 얼마나 남았는지 대충 파악하는 식의 운영은 절대 피해야 한다. 이러한 주먹구구식 운영은 가게의 지속적인 발전을 막고, 장기적으로 운영에 문제를 일으킬 수 있기 때문이다. 따라서 핵심은 월 마감을 통해 세부적인 수익과 비용을 분석하고, 그에 맞춰 운영 전략을 수정하는 것이다. 이렇게 꾸준히 매달 데이터를 분석하면, 가게의 지출을 효율적으로 관리할 수 있을 뿐 아니라, 수익 구조를 최적화할 수 있다.

3. 적절한 인력 세팅하기

인력 세팅은 업종에 따라 다르고, 식당과 카페에서도 차이가 난다. 특히, 전처리 작업이 많은 식당은 인건비 비율이 다르게 설정된다. 일반적으로 카페는 매출 40~50만 원당 한 명, 식당은 매출 25~30만 원당 한 명이 적절하다. 하지만 조금 더 현명하게 인력 배치를 하고 싶다면, 원가율과 함께 인건비를 비교·분석해야 한다. 예를 들어, 인건비가 25%, 원가율이 35%라면, 총 60%가 된다. 반면, 인건비가 15%이고, 원가율이 40%일 경우, 총 55%가 된다. 즉, 재료를 직접 손질하게 되면 원가율은 낮아지지만 인건비는 높아지고, 완제품을 사용한다면 원가율은 올라가지만 인건비는 낮아진다. 시스템과 동선도

이에 큰 영향을 미친다. 개인적으로 나는 인건비와 원가율의 합이 55~60%인 상태를 권장하며, 이렇게 해야 순이익 25~30% 구간을 확보할 수 있다.

신용과 평판을 만들어라

사장이 된다고 해서 사람이 달라지지는 않는다. 사장이라서 책임감이 생기는 것이 아니라, 책임감이 있었던 사람이 사장이 되는 것이다. 그런데도 사람들은 이렇게 말한다. "지금은 직원이니까 대충 해도 돼.", "나중에 내 가게 차리면 그때부터 열심히 할 거야." 하지만 나는 단언한다. 그런 사람은 사장이 되어도 절대 열심히 못한다. 그런 태도는 결국 습관이 되고, 그게 몸에 배게 된다.

앞서 밝혔듯이 나는 20살 때, 최저시급이 4,320원이던 시절에도 시급 8,000원을 받았다. 그 당시만 해도 주변 친구들은 1시간에 4,000원 남짓 벌고 있었고, 아르바이트는 단순히 용돈벌이라고 생각하는 분위기가 컸다. 그런데 사장이 나에게 두 배 가까운 시급을 준 이유는 단 하나였다. 사장처럼 일해서였다.

가게 오픈 30분 전에 도착해 매장을 정돈했고, 손님이 없을 때도 동선 체크, 냉장고 정리, 재고 파악을 했으며, 아르바이트생 채용은 물론, 매장의 이익을 위해 부가적인 수익도 만들고, 사장에게 피드백까지 직접 했다. 어떤 날은 사장이 출근하지 않아도 혼자 오픈하고, 마감까지 했다. 이런 나를 보며 사장이 말했다. "너는 나보다 사장 같다."

그리고 첫 직장에 다닐 때도 매장 공사 체크를 맡은 직원이었지만,

인부들과 친하게 지내며 신뢰를 쌓았다. 그들 중 한 명이 내가 처음 시작한 닭갈비 가게의 인테리어 공사를 매우 저렴한 가격에 도와주었다. 같은 시기에 만난 한 아저씨도 1억 원을 투자할 테니 사업을 같이 해보자고 제안하기도 했다.

이런 투자 제안이나 기회는 무수히 많았다. 그중에는 사기도 있었겠지만, 그들이 내게 "너랑 같이 일하고 싶다.", "너는 나중에 분명히 크게 될 거다."라며 호감을 보인 이유를 생각해 보면, 나의 성실함에서 비롯하지 않았나 한다. 나는 그냥 열심히 했을 뿐이었다. 그때 깨달았다. 사람들은 말보다 행동을 기억한다는 사실을.

여러 차례 말했듯 나는 돈도, 백도, 연줄도 없었다. 대신 사람들에게 믿음을 주는 행동력과 태도가 있었다. 그게 바로 평판이고, 신용이었다. 사람들은 어떤 사람이 남의 일도 내 일처럼 했는지, 어떤 사람이 위기 상황에서 책임졌는지, 어떤 사람이 말보다 행동이 앞섰는지를 보고 있다. 또 이런 평판은 어느 날 갑자기 생기지 않는다. 직원이든, 아르바이트생이든, 희청업체든 자기 일처럼 행동했던 사람이 결국 사장이 되고, 그런 사람이 결국 성공한다. 그리고 그 결과는 미래를 만들어간다. 즉, 직원일 때 어떻게 일했는지가 나중에 사장이 되었을 때, 어떤 직원을 만나게 되는지까지 결정한다.

사장처럼 일하는 사람은, 결국 사장이 되게 되어 있다. 왜냐하면 그런 사람 곁엔 늘 기회와 사람이 따라붙는 덕분이다. 지금의 평판이

내일의 기회를 만든다. 지금의 신용이 나중의 투자로 돌아온다. 그리고 지금의 태도가, 미래의 당신을 설명해 줄 것이다. 진심은 항상 통하게 되어 있다. 대충대충 살지 마라. 신용과 평판은 내 삶의 태도에서 나온다.

참고로 나는 매장을 운영하면서 식자재 입금 날짜를 어기는 걸 정말 싫어했다. 그리고 빨리 입금해 주면 싫어하는 거래처는 단 한곳도 없었다. 돈이 있으면서도 일부러 입금을 늦게 하는 사람들을 보면 참 답답하다. 나라면 선금 지급하고, 오히려 단가를 깎을 것이다. 그렇게 하면 오히려 거래처는 더 신뢰하고, 좋은 가격, 좋은 품질의 상품을 제공한다.

운이 좋아서 좋은 거래처를 만났다? 과연 그럴까? 모든 것이 운으로만 작용한다는 생각은 버려야 한다. 그보다 태도를 바꿔야 한다.

상대가 어떤 사람인지 판단해라

내가 어떤 사람들과 일하고 있는지, 그리고 나는 어떤 사람인지를 이해하지 못하면, 기회를 놓치고, 사람을 잃고, 에너지만 소진되기 마련이다. 이와 관련해 미국 와튼스쿨의 심리학자 애덤 그랜트는 사람을 세 가지 유형으로 나눈다. '기버(Giver, 주는 사람)', '테이커(Taker, 빼앗는 사람)', '매처(Matcher, 주고받는 균형을 중요시하는 사람)'. 이 개념은 단순한 심리학 이론을 넘어, 우리가 세상을 살아가며 누구와 일해야 하고, 어떻게 행동해야 하는지를 알려주는 나침반이 된다. 따라서 나는 사람을 만나고 친해지는 과정에서 상대가 어떠한 유형인지를 유심히 살펴본다. 그 특징과 예시를 공유해 본다.

첫 번째로 '기버'는 진심으로 먼저 주는 사람이다. 자신이 먼저 이득을 얻기보다, 상대에게 먼저 도움을 주는 사람이다. 조건 없이 베풀고, 타인의 성공에 진심으로 기뻐한다.

후배와 동료에게 자기 노하우를 아낌없이 알려주는 선배 사장이 여기에 속한다. 본인이 겪은 실패담, 잘되는 비결, 메뉴 운영법까지 공개하며 도와줘서 주변에서 "쓸데없이 왜 저렇게까지 알려주느냐?"라는 말이 나올 정도다. 내가 만든 모임에는 이런 사람들로 구성되어 있다. 궁금한 점을 물어보면, 아무 거리낌 없이 공유하고, 알려준다. 본인은 어렵게 얻은 거래처일 텐데 그냥 바로 연결해 준다. 제3자의 콘텐츠를 자발적으로 공유하는 자영업자도 마찬가지다. 자신에게 당장 이득이 없어도 좋은 정보는 널리 알려야 한다고 생각한다. 내가 처음 인스타그램을 시작했을 때, 내가 올린 릴스를 공유했던 인플루언서들은 아직도 기억에 남는다. 나중에 나도 반드시 도움을 줘야겠다는 생각을 한다.

그러나 이들이 주의해야 할 점이 있다. 자기 시간과 에너지를 다 나눠주고 번아웃이 올 수 있다는 점이다. 또 과하면 이용당할 위험이 있다. 그렇다 하더라도 기버는 장기적으로 신뢰, 인맥, 명성을 얻게 되며, 가장 늦게 출발하지만 가장 멀리 간다.

두 번째로 '테이커'는 관계를 거래로 보는 사람이다. 다시 말해, 관계를 이익의 도구로 본다. 자신에게 도움이 될지만 따지고, 줄 생각 없이 받을 궁리만 한다.

자기가 얻을 정보만 받고, 절대 공유하지 않는 프랜차이즈 대표가 여기에 속한다. 내가 여러 모임에 다니면서 본 바에 의하면, 이들은 본인들이 궁금할 때는 서슴없이 정보를 다 빼가지만, 정작 내가 궁금해하는 것은 제대로 알려주지 않는다. 이런 이유로 모임을 새롭게 만든 것도 있다. 내가 인간관계를 함에 있어 가장 거리를 두는 유형의 사람이다. "형님, 형님." 하다가 필요 없으면 연락 끊는 지인도 테이커다. 같이 사업하자고 할 땐 매일 전화하다가, 막상 계약이 끝나거나 자신이 이득을 보지 못 하면 사라진다. 성과는 내 몫, 실수는 네 몫으로 돌리는 사람도 마찬가지다. 결과가 좋으면 본인이 다 했다고 하고, 문제가 생기면 "나는 몰랐다."라며 빠져나간다.

테이커는 처음엔 빠르게 가까워져서 나이스해 보일 수도 있다. 하지만 나르시시스트, 소시오패스처럼 타인의 고통을 전혀 신경 쓰지 않는 경향이 있다. 게다가 이들은 돈을 벌기 위해서는 그 어떤 것도 마다하지 않는다. 한마디로 사기를 치더라도 본인의 이득이 된다면, 이를 기꺼이 실행해 나간다. 그래서 사업의 관점으로만 보면 더러 돈을 잘 벌기는 해도, 나는 이런 사람은 지양한다.

셋째로 '매처'는 철저히 '기브 앤 테이크'를 계산하는 사람이다. 즉, 주는 만큼 받아야 한다는 균형을 중시한다. 이들은 너무 착하지도, 너무 이기적이지도 않으며, 사회에서 가장 흔한 유형이기도 하다.

'이 정도는 해줬으니, 너도 나한테 해줘야지.'라고 생각하는 동업자가 이 유형이다. 도움이 오고 가지 않으면 관계를 정리할 만큼 계산이 빠르다. "제가 이만큼 도와드렸는데요."를 은근히 강조하는 직원과 "저 사람 도와줬던 거, 나중에 꼭 돌아올 거야."라는 식으로 행동하면서 항상 계산된 선에서만 움직이는 이도 매처다. 말은 안 하지만 속으로 점수를 매기고 있다.

이러한 매처들은 신용을 중요시하고, 공정함을 지키려는 성향이 강하다. 그러나 때로는 진짜 기회는 먼저 주는 용기에서 나옴을 알아야 한다. 이로써 매처는 손해보지는 않지만, 크게 얻지도 못하는 포지션이 되기 쉽다.

한편, 애덤 그랜트의 연구에 따르면, 성공자 리스트의 최하위와 최상위는 모두 기버였다. 왜일까? 하위권 기버는 자기 자원을 무분별하게 퍼주는 사람이다. 기준 없이 누구에게나 나눠주다 보니 착취당하고 소진된다. 반면, 상위권 기버는 전략적으로 주는 사람이다. 아무나 도와주지 않는다. 줄 만한 사람에게, 주는 타이밍에 맞춰 준다. 즉, 기

버가 성공하려면 기준이 있어야 한다. 이들을 '전략적 기버_{Strategic Giver}'
라고 하며, 다음과 같은 특징이 있다.

1. **신뢰가 가능한 사람에게 먼저 준다. 아무에게나 베푸는 것이 아니라, 자기 에너지와 시간의 가치를 아는 사람에게 투자한다.

2. **기브의 선을 정해놓는다. 한 번 도와주고 안 되면 거기까지다.

3. **내가 잘하는 분야로 도와준다. 무분별하게 나눠주는 게 아니라, 본인이 가진 핵심 역량을 중심으로 베푼다.

4. **주는 과정에서 관계를 만든다. 그 과정에서 신뢰를 쌓으면서 동반자도 만든다. 타이밍을 지켜보다가 자발적으로 그 기회를 다시 돌려준다.

자영업이든 조직이든, 결국 사람을 보는 눈과 나를 컨트롤하는 힘이 사업의 성패를 가른다. 내가 어떻게 주고, 누구에게 주고, 언제 주느냐에 따라 같은 기버라도 착취당하는 사람이 될 수도 있고, 성공의 자산을 쌓는 사람이 될 수도 있다. 이에 전략적 기버가 되는 구체적 방법과 내 에너지를 갉아먹는 테이커를 걸러내는 기준을 제시해본다.

전략적 기버가 되는 실전 5단계

1. 무조건 베풀지 않기

전략적 기버는 무조건 다 퍼주는 사람이 아니다. 자기 자원과 시간의 가치를 명확히 아는 사람이다.

2. 영역 좁히기

전략적 기버는 모든 것을 다 퍼주는 게 아니라, 자신이 가장 잘하는 '핵심 자산'만 베푼다.

예시

- **메뉴 개발 전문가:** 메뉴 리뷰+원가 분석만 도와주고, 디자인까지 끌려가지

않음

- **마케팅 경험자:** 네이버 플레이스, 인스타그램 콘텐츠 방향성 조언까지만 진행하고, 운영 대행은 하지 않음

3. 반드시 기록으로 남기기

기버가 가장 많이 당하는 지점은 상대가 도움을 준 사실을 기억하지 못할 때다. 전략적 기버는 기록을 남긴다.

4. 반응 체크하기

전략적 기버는 주는 것보다 받는 사람의 태도를 더 중요하게 본다. 상대가 어떻게 반응하느냐에 따라 두 번째 기브가 있을지, 관계를 끊을지를 판단한다.

체크 포인트

- 도움을 받았을 때 고마움을 표현했는가?

- 그 도움을 실제로 실행에 옮겼는가?

- 이후 스스로 성장하거나, 역으로 도움을 주려 했는가?

5. Give의 목적 명심하기

전략적 기버는 단순히 베푸는 데서 그치지 않는다. 기브를 통해 관계를 만들고, 신뢰를 얻고, 미래를 준비한다. 즉, 사람을 얻는다는 목적을 잊지 않는다.

테이커를 구별하고
걸러내는
5가지 기준

1. 받을 때만 연락하는 사람

특징

"요즘 뭐해요?"로 시작해서 "좀 도와주실 수 있나요?"라며 필요할 때만 연락한다.

필터링

"이 사람이 나에게 먼저 연락한 이유가 순수한가, 필요 때문인가?"

2. 도움받고 당연하게 여기는 사람

특징

고맙다는 말도 없이 다음 부탁을 하거나, 기여에 대한 반응 없이 도와주는 걸 당연하게 생각한다.

필터링

"이 사람은 받은 만큼 감사를 표현하거나, 행동으로 보인 적이 있는가?"

3. 실행하지 않는 사람

특징

여러 번 조언하고, 자료를 줘도, 한번도 실천하지 않는다.

필터링

"이 사람은 성장 의지가 있는가, 아니면 조언을 소모품처럼 소비하는가?"

4. 절대 나를 돕지 않는 사람

특징

본인은 어려울 때 연락하지만, 정작 내가 필요할 땐 "바쁘다.", "모르겠다."라

며 피한다.

필터링

"이 사람은 진심으로 나의 성장과 성공을 응원해 본 적이 있는가?"

5. 조언을 정보로만 가져가 다른 데서 공유하는 사람

특징

인사이트를 듣고는 다른 곳에서 본인이 한 듯이 전달한다.

필터링

"이 사람은 신뢰를 쌓고 있는가, 이용하고 있는가?"

가장 지혜로운 기버는 사람을 가릴 줄 아는 기버다. 나는 어떤 사람으로 기억되고 있는가? 세상은 기브 앤 테이크처럼 보이지만, 실제로는 '기브 앤 리턴'의 세계다. 지금은 손해처럼 보여도, 진심으로 준 사람에게 기회는 돌아온다. 반대로 지금은 똑똑하게 챙긴 것 같아도, 테이커는 어느 순간 모두에게 외면당한다. 당신이 어디에 있든, 무엇을 하든 사람을 다루는 기준은 결국 신뢰와 평판으로 귀결된다. 먼저 주는 사람이 결국 판을 만든다. 그리고 그 판 위에서, 기버는 가장 멀리 간다.

웃는 얼굴일수록 경계하라

장사를 시작하면 '손님'보다 먼저 찾아오는 존재가 있다. 칼만 들지 않았을 뿐, 돈과 시간, 에너지를 갈취하는 날강도나 다름없다. 그리고 이들은 창업 초기거나 경험이 부족한 자영업자들을 노려서, 사업자등록증을 내는 순간 폭격기처럼 전화벨을 울리게 한다. 이와 관련한 다섯 가지 유형과 그들을 차단하는 비결에 대해 알아보자.

첫째, '가짜 협회'가 있다. 이들은 사업자등록증을 내자마자 "○○○에 선정되었다.", "△△△ 수상 명단에 올랐다."라는 식으로 접근한다. 누구나 운영한 지 얼마 지나지 않아 맛집으로 선정되었다고 하면, 반갑지 않을 수 없다. 설레기도 하고, 그동안의 고생에 대한 보상을 받는 듯하다. 그러나 조금만 더 깊이 파고 들어가면, 근거가 없다.

다시 말해, 아무런 공신력도 없는 사설 단체에서 무작위로 하는 연락이라는 뜻이다. 그리고 이를 빌미로 홍보비, 운영비 명목으로 몇백만 원을 요구하기도 한다. 길거리에서 쉽게 마주하는 수상 경력 배너가 이런 상술에 걸려든 경우라고 보면 된다. 이런 상황에 대비하고 싶다면, 사업자등록증을 낸 직후에 오는 낯선 전화는 100% 경계하는 게 좋다.

둘째, '공인중개사사무소'다. 공인중개사사무소에서 유독 '잘되는 자리'라며 추천하는 곳이 있다. 정말 그럴까? 실제로 초보 사장은 상권을 보는 눈이 부족하다 보니 부동산 말에 의존하는 경향이 있다. 그런데 부동산은 외식업 전문가가 아니다. 게다가 그들은 그 자리를 채워야 중개수수료를 받을 수 있으니 상권에 대한 이해도가 떨어지는데도 "이 앞 가게도 대박 나서 이전했어요.", "요즘 이쪽에 젊은 층이 엄청 몰려요."라며 괜찮은 자리처럼 포장한다. 이런 말에 설득되어 계약을 하고 나면, 그때부터 진짜 전쟁이 시작된다. 이 전쟁에 스스로 걸어 들어가고 싶지 않다면, 앞서 알려준 상권을 선택하는 방법을 공인중개사를 가르칠 수준으로 익혀야 한다. 한마디로 상권은 본인 눈으로 직접 확인해야 한다. 최소 일주일 동안 밤낮으로 관찰하는 건 기본이다. 사람이 얼마나 오고 가는지, 주중과 주말 분위기는 어떤지, 비 오는 날은 어떤지를 체크해야 한다. 그 한 주가 당신의 미래를 수천만 원, 아니 억 단위로 바꾸는 기준이 된다.

추가로 권리금 뒤에 숨은 공인중개사사무소와 기존 점주의 '검은 거래'도 주의해야 한다. 상가를 보러 다니다 보면, '싸게 나온 매물'이라는 말에 혹할 수 있다. 하지만 그 이면엔 기존 사장과 공인중개사사무소 간의 비밀스런 흥정이 있을 수 있다. 예를 들어, "권리금 1억 원을 전부 받게 해주면 수수료로 2,000만 원 줄게."라는 약속을 하는 것이다. 그러면 공인중개사사무소에서는 초보 사장에게 권리금 1억 원인 매장을 취한다. 물론, 모든 중계 업체가 그렇다는 건 아니지만, 이런 사례를 수도 없이 많이 봐왔기에 항상 조심해야 한다.

셋째, '인테리어 업체'다. 인테리어는 자영업에서 가장 큰 목돈이 들어가는 항목 중 하나다. 수백만 원에서 수천만 원, 많게는 억 단위까지 지출하기도 한다. 그러다 보니 인테리어 관련 사기 피해도 자주 발생한다. 특히 "저렴하게 해드릴게요."라는 말만 믿고 진행했다가 맡겼을 때다. 대표적인 유형은 다음과 같다. 실장이라고 소개하더니 알고 보니 대표였고, 계약 후 잠수를 탄다. 계약금 50%를 받고, 연락이 두절된다. 공사가 진행되면 "이 부분은 추가금이 붙습니다.", "이건 원래 별도예요."라며 수천만 원을 요구한다. 생각해 봐라. 정상적인 업체라면 무조건 싸게 해줄 이유가 있을까? 그러니 입장 바꿔서 판단해 합리적인 업체로 선택해야 한다. 따라서 최소 3~4곳에서 견적을 받아 비교해 보는 건 기본이고, 공사 범위, 자재, 마감 기준을 명확히 기재했는지 점검하고, A/S 기간을 계약서에 반드시 포함해야 한다. 비용 지불은 계약금 30%, 중도금 20%, 잔금 30% 분할 지급이 적절하다.

넷째, '렌탈 업체'다. 이들은 "사장님, 요즘은 무조건 키오스크 있어야 해요.", "TV, 테이블오더 다 해드릴게요."라며 접촉해 오는데, 문제는 장기 계약을 유도한다는 데 있다. 그리고 그 안엔 위약금의 덫이 숨어 있다. 실제로 어떤 테이블오더 기기는 위약금이 한 대당 200만 원까지 나온다. 포스기 위약금도 수십만 원에서 수백만 원에 이른다. 심지어 PG 수수료를 5%까지 설정해 놓은 놀라운 업체도 본 적이 있다. 본인들이 프랜차이즈도, 전수 창업도, 아무것도 아닌데 매출의 5%를 수취해 가는 것이다. 그래서 렌탈 기간이 몇 년인지, 중도 해지 시 위약금 조건이 어떻게 되는지, 수수료가 얼마나 되는지 등 구매 시 총비용과 비교하여 판단해야 한다.

다섯째, '마케팅 업체'다. 자영업을 하다 보면, 어느 순간부터 '마케팅'이라는 단어가 절실해지는 순간이 있다. 매장의 매출이 제자리에 머물러 있는 반면, 주변 가게는 SNS 운영을 잘해 손님들의 발길이 끊이지 않을 때 더더욱 그렇다. 그러면 조급해져서 어떤 업체인지 제대로 알아보지 않고 일단 계약부터 하려는 마음이 든다. 바로 이 틈에 사기성 마케팅 업체들이 다음과 같이 침투한다.

전화, 문자, 카카오톡 등으로 "사장님이 운영하는 인스타그램 봤어요. 너무 좋아 보여요!"라고 하면서 접근한다. 실제로 이는 자동화된 스크립트로 수백 개 매장에 일괄 발송된 멘트다. 또 "SNS 관리+블로그+전단 디자인 다 포함해서 월 20만 원이에요!"라며 저렴한 금액을 내세우기도 한다. 그런데 월 20만 원이면 하루 인건비도 안 되는 수준이다. 아무리 생각해도 이렇게 할 이유가 없다. "200만 원만 지불하면, 1년 간 매장 마케팅 전담해드립니다."라면서 1년 계약을 강요하며 선납을 유도하는 업체도 있다. 그런데 계약 2~3개월 후, 연락이 두절되거나 퀄리티가 현저히 떨어진다. 그저 그들에게 당신은 이미 돈을 낸 존재일 뿐인 것이다. "우리 고객 중에 매출 두 배 올랐어요!", "이렇게만 하면 상위 노출됩니다."라는 식으로 실적이나 포트폴리오 없이 말만 앞서는 업체가 있다. 만일 구체적인 사례나 수치를 요구했는데 얼버무리거나 말을 돌린다면 의심해 봐야 한다.

우리가 반드시 새겨둬야 할 사실이 있다. 바로 마케팅은 사람이 직접 일하는 영역이라는 점이다. 이를 바탕으로 1년에 200만 원으로 촬영, 편집, 관리까지 한다는 게 타당한지 생각해볼 필요가 있다. 인건비만 따져 봐도 납득이 안 되는 조건이다. 더군다나 이 같은 업체는 당사자인 사장보다 매장을 잘 알지 못한다. 당연히 복사 붙여넣기식의 영업, 리워드팔이가 될 수밖에 없다. 반대로 매장의 본질을 이해하고, 마케팅을 하는 업체는 TM 영업할 시간이 없다는 걸 기억해 두자.

마케팅 영업과 관련해 자영업자 피해 사례는 무궁무진하게 많다. 몇몇 예를 들려주자면, A 사장은 "지역 기반 키워드로 광고해 준다."라는 말만 듣고 150만 원을 송금했는데, 두 달간 블로그 2개, SNS 사진 3장 올라오고 연락이 끊어졌다고 한다. B 사장은 "1년 동안 관리를 맡기면, 상위 노출 책임지겠다."라는 말에 250만 원에 계약했는데, 알고 보니 중국에 서버 둔 자동 봇 프로그램으로 키워드를 돌리는 곳이었고, 네이버 알고리즘에 걸려 초반에 순위가 오르다가 오히려 처음보다 떨어졌다고 한다. C 사장은 키오스크 회사에서 마케팅도 같이 해준다고 하여 추가 옵션으로 300만 원을 지급했는데, 하청업체에 재하청을 맡겨 아무 결과 없이 시간만 낭비했다고 한다.

이 책을 선택한 당신만큼은 이런 피해를 피하고, 지혜롭게 마케팅 업체를 선정하길 바라는 마음을 담아 그 기준을 풀어본다.

장사에서 '홍보'는 꼭 필요한 일이다. 그런데 이를 핑계로 다가오는 사람들이 제일 무섭다. 말은 그럴싸하지만, 막상 진행해 보면 결과는 없고, 돈은 이미 빠져나갔으며, 무엇보다 잃어버린 시간은 누구도 보상해 주지 않는다. 마케팅 업체는 단순한 외주가 아니다. 내 매장의 얼굴을 대신 알리는 동업자 같은 존재다. 그래서 신뢰가 없으면, 함께 할 이유도 없다. 그러니 부디 "싸게 해줄게요.", "요즘 이 방법이 대세예요."라는 말에 쉽게 넘어가지 마라. 그 한순간의 선택이 내 매장을 서서히 병들게 만들 수도 있다. 그렇게 되지 않으려면 최소한의 마케팅 기본은 반드시 공부해 두지. 그래야 맡길 때도, 거를 때도, 손해 보지 않는다.

제대로 된
마케팅 업체
고르는 법

1. 먼저 연락 오는 곳은 무조건 거르기

진짜 실력 있는 마케팅 회사는 TM(텔레마케팅)을 하지 않는다. 소개나 평판, 인스타그램 검색만으로도 충분히 고객을 유치할 수 있어서다.

2. 보여줄 수 있는 결과물이 있는지 확인하기

홈페이지, 인스타그램, 유튜브 등 작업 이력과 실제 사례가 있는지 반드시 확인해야 한다. "이건 비공개 고객이라 보여드릴 수 없어요."라고 한다면 절대 믿으면 안 된다.

3. 가격보다 계약 구조에 집중하기

1년 선납보다는 월별 결제, 또는 성과 기반 지급 구조로 협의해라. 가령, '사진 촬영 1회당 얼마', '운영비+광고비 분리 청구'처럼 투명해야 신뢰할 수 있는 곳이다.

4. 업무 범위와 방식이 명확한지 따져보기

단순히 "관리해 드릴게요."가 아닌, 월 몇 회 촬영, 어떤 플랫폼 운영, 어떤 키워드 전략처럼 구체적인 플랜이 있어야 한다.

5. SNS 팔로워 수, 게시물 퀄리티, 광고 리포트 등 점검하기

"쇼츠까지 다 해드립니다."라고 해놓고, 정작 템플릿 복사+붙이기, 퀄리티 낮은 섬네일, 의미 없는 해시태그의 연속일 수 있으니, 반드시 확실히 검토 후 계약해야 후회하지 않는다.

빠르게 가려면 혼자 가고, 멀리 가려면 함께 가라

나도 서른이 되기 전까지는 '네트워킹? 인맥? 그게 무슨 소용이냐.' 라는 생각을 참 많이 했다. 그런데 요즘 들어 이 생각이 많이 바뀌었다. 결국 모든 기회는 사람이 만들어주는 것이다. 그들이 나에게 직접 돈을 주는 건 아니지만, 기회의 문은 결국 사람으로부터 열린다.

많은 사람이 이렇게 말한다. "저는 그냥 혼자 조용히 하고 싶어요.", "인맥 관리? 저는 그런 거 안 해요. 실력으로 승부하죠." 하지만 나는 이렇게 말하고 싶다. "실력이 있어도, 그 실력을 꺼내줄 사람이 없다면 결국 묻히고 맙니다." 이제는 시대가 바뀌었다. 혼자 잘한다고 되는 세상이 아니다. 누가 당신을 기억해 주는가, 누가 당신을 꺼내주는가, 누구와 연결되어 있는가가 실력만큼이나 중요해졌다.

보통 '네트워킹'이라 하면 명함 돌리기, 각종 모임에서 "형님~" 하며 인사하는 장면을 떠올린다. 하지만 모든 네트워킹이 다 좋은 것은 아니다. 그 안엔 사기꾼도 있고, 테이커도 있으며, 아무 의미 없는 네트워킹도 너무 많다. 결국 중요한 건 '서로에게 도움이 될 수 있는가' 이다.

돈을 벌고 싶다면 돈을 잘 버는 사람이 모여있는 곳에 가서, 돈을 잘 벌 수 있는 아이디어를 생각하고 공유하며, 돈을 잘 벌 수 있는 방법을 찾아야한다. 그런데 대부분은, 돈을 잘 못 버는 사람들끼리 모여 있는 곳을 가서, 돈을 못 벌 수 있는 아이디어를 공유하며, 돈을 못 벌 수 있는 방법들을 토론하곤 한다.

비유를 하자면, 물고기를 잡고 싶으면 바다로 가야지, 개천에서 미꾸라지 몇 마리 잡는 사람들과 네트워크를 해봐야 그게 전부라는 것이다. 하지만 바다에서는 큰 물고기를 잡는 기술, 선박을 다루는 방법 등을 다양하게 배울 수 있다. 이제 개천에서 용은 나오지 않는다. 성공의 기회는 성공한 사람들이 모인 바다, 즉 네트워크를 통해 만들어 갈 수 있고 그곳이 개천에서 나를 끄집어 낼 수 있는 좋은 곳이다.

최근 나는 프랜차이즈 대표들을 대상으로 하는 모임을 하나 만들었다. 이 모임을 만든 이유는 단순하다. 여러 모임을 다녀보면서 좋은 사람과 좋지 않은 사람이 섞여 있는 상황을 많이 봤고, 그래서 기준을 세워 선별하고, 목적이 같고, 건강한 사람들과 교류하고 싶었다.

물론, 프랜차이즈 대표들 사이에서도 뒤통수를 맞는 일이 많다. 나도 예외는 아니었다. 똑같은 기물을 어떤 사람은 50만 원에, 어떤 사람은 60만 원에 받고 있었다. 심지어 같은 업체에서 말이다. 그제야 누가 어떤 루트로 거래처를 알게 되었느냐가 중요한 요소임을 깨달았다. 그리고 그보다 더 큰 영향력을 발휘하는 건 '누가 소개했느냐'였다.

자영업이든, 유튜브든, 프랜차이즈든 규모가 커지면, 반드시 사람과 연결된다. 좋은 상권 정보를 누가 먼저 알려주는가? 좋은 인테리어 업체를 누가 소개해 주는가? 정부 지원 사업 정보를 누가 귀띔해 주는가? 위기 상황에서 손을 내밀어주는 사람이 있는가? 이 모든 것이 네트워킹에서 비롯된다.

내 사례를 들자면, 나는 이 프랜차이즈 모임을 통해 유튜브 홍보를 도와줄 수도 있고, 유튜브 시장에 대한 정보를 나눌 수도 있다. 각자의 거래처 정보를 열고 소통하며, 컨설팅 의뢰가 들어왔을 때, 분야별 전문가와 함께 업무를 진행할 수도 있다. 각자가 맡은 분야에선 누구보다 전문성을 갖고 있으니 가능한 일이다. 이런 구조가 바로, 줄 수 있는 것도 받고자 하는 것도 명확한 '건강한 네트워킹'이다.

각자의 위치에서 줄 수 있는 건 모두 다르다. 가맹점 수가 적은 대표는 소규모 운영에서 겪는 실전 경험과 최전선에서 느끼는 생생한 이야기를 나눌 수 있다. 큰 규모의 대표는 지나온 과정과 한발 앞선 흐름을 공유해 줄 수 있다. 이처럼 서로가 서로에게 도움을 주고받는, 'GIVER 단체', '서로 도움이 되는 구조'를 만드는 것이다.

일방적인 부탁이 아니라 "제가 이런 도움을 드릴 수 있습니다."라고 접근하면, 상대도 "그럼, 나도 이걸 도와줄게요."라고 반응한다. 내 정보와 경험을 아끼지 않고 나눌 때, 진짜 서로가 성장하는 구조가 만들어진다. 더 나아가 이런 사람들이 모이면 큰 군락이 되어 '바잉파워 (구매력)'도 생긴다.

쉬운 예로, 각자 구매하던 배달 용기를 한데 모아 중국 업체와 직접 컨택할 수 있다. 가맹점이 100개일 땐 업체의 반응이 미지근하지만, 1,000개, 5,000개가 모이면 얘기가 달라진다. 더욱 저렴하게 매입할 수 있고, 그 혜택은 점주들에게 돌아간다. 또 다른 예로, 물류 수수료 10%를 받는 신생 업체가 있다고 해보자. 이 네트워크 안에서 정보를 공유하고 협의해 8%로 낮출 수 있다면, 연 매출 10억 기준으로 연간 2,000만 원이 절약되는 셈이다.

우리는 이익을 창출하자는 게 아니다. 세고 있는 돈을 막고, 건강한 구조를 만들고 싶은 것이다. 그리고 이 모든 과정에서 누가 돈을 쥤는가? 누가 손해를 봤는가? 아니다. 오로지 네트워크만으로 만들어진 가치다. 이런 가치를 아는 사람들과 함께하는 네트워킹은 진짜 '무기'가 될 수 있다. 함께 갈 사람들을 만들고, 지키고, 성장하게 하는 힘. 그게 바로 네트워킹이다.

인생의 핵심은 결국 밀도, 임계점이다

MIT 경제학자 앤드류 맥아피는 그의 저서 《포스트 피크: 거대한 역전의 시작》에서 "우리는 더 많은 자원을 소비하는 것이 아니라, 더 밀도 있게 소비하는 방식을 선택해야 한다."라고 말했다. 삶도 마찬가지다. 얼마나 오래 살았느냐보다, 얼마나 밀도 있게 살았는가가 더 중요하다.

그런데 누군가는 주 100시간을 투자하라고 한다. 이 말은 반은 맞고, 반은 틀리다. 금광을 캔다고 했을 때, 어떤 사람은 삽 하나 들고 100시간 내내 쉬지 않고 일해 100kg의 금을 캐냈고, 또 다른 사람은 같은 100시간 동안 장비 마련을 비롯해 인력을 고용하고, 시스템을 만든 다음, 마지막 20시간으로 500kg의 금을 캐냈다. 누구의 밀도가 더 높다고 볼 수 있을까? 전자의 땀과 수고를 깎아내리려는 건 아니다. 다만, 결과를 바탕으로 개선할 수 있다면, 우리는 더 나은 방법을 찾아야 한다. 같은 시간 동안 더 깊이 있게 몰입하고, 더 나은 방식으로 움직이는 사람이 결국 판을 바꾸니까.

그래서 열심히만 하는 것이 능사가 아니다. 우리는 끊임없이 잘하려는 노력을 병행해야 한다. 그렇게 삶의 밀도를 높이려면, 먼저 나 자신을 아는 일이 필요하다. "너 자신을 알라."라는 말처럼, 자기 이해가 삶의 밀도를 올리는 시작점이다.

한편, 우리 사회는 여전히 나이에 민감하다. 그러나 세월이 지날수록 나이보다 현재의 가치 즉, 지금까지 어떻게 살아왔느냐가 더 중요하게 다가온다. "남자는 서른부터다."라는 말이 있지만, 내 생각은 전혀 다르다. 물론 수명으로 본다면 젊은 나이지만, 단순히 나이만 먹었다고 인생이 달라지진 않는다. 중요한 것은 경험, 더 정확히는 경험의 밀도다.

마라톤 대회를 준비한다고 가정해 보자. 거기에 출전하기 직전까지가 서른이다. 그 이전에는 체력, 이해도, 기술, 마음가짐 등을 길러야 하는 준비 기간이다. 그리고 이때 쌓은 경험치를 바탕으로 서른부터 달리기를 시작할 수 있다. 그런데 기초 체력조차도 만들어 놓지 않은 사람이 마라톤대회에 출전한다고 한들 무슨 의미가 있겠는가?

나는 20대 때 주변 친구들이 놀자고 유혹할 때, 항상 이런 얘기를 했었다. 언젠가 30대가 되면 우리는 서로를 다시 마주하게 될 것이고, 그때의 격차는 지금의 선택에서 비롯될 거라고. 그러면서 "우리가 지금은 20대지만, 곧 30대가 될 거고, 그때 좋은 곳에서 다시 만나고 싶다. 돈 걱정 없이, 하고 싶은 걸 하며, 건강하게 살아가고 싶다."라고 덧붙였다.

이 생각은 지금도 변함없다. 누군가는 40대가 되어도 여전히 부담 없이 친구들과 좋은 술을 나눌 수 있을 테지만, 누군가에겐 그 한 끼가 큰 짐이 될 수 있다. 돈 많은 친구가 사면 되지 않느냐고 할 수 있겠지만, 매번 누군가는 사기만 하고, 누군가는 얻어먹기만 하는 관계는 오래가지 못한다. 나는 함께 자라고, 함께 나누는 관계가 진짜 친구라고 믿었다. 그래서 항상 "함께 체력을 기르자."라고 귀했다. 하지만 대부분의 친구는 내 말을 듣지 않았다. 그리고 시간이 지나면서 그 결과는 자연스럽게 드러났다.

그 친구들을 무시하는 게 아니다. 그저 더 나은 삶을 살고 싶다면, 그만한 결심과 노력이 필요하다는 말하고 싶다. 그리고 그렇게 삶의 밀도를 높이면, 반드시 여러 과제를 만나게 된다. 때로는 멘탈이 무너질 만큼 힘들고, '왜 나만 이렇게 살아야 하지?'라는 회의감이 몰려온다. 그래도 그 순간들을 버티고 지나갈 때마다 한 계단씩 오르고 있다는 느낌을 받을 때가 많았다.

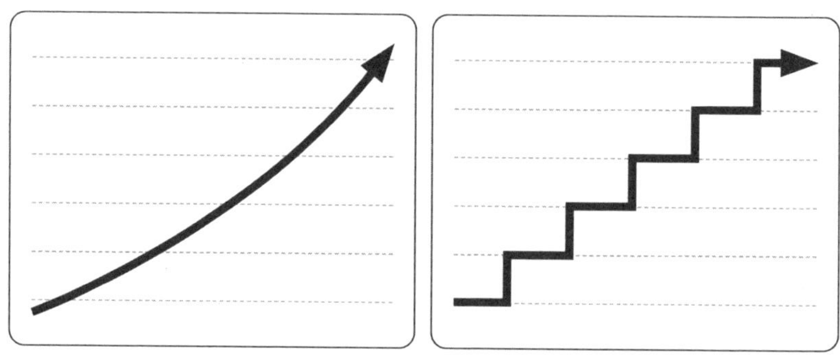

사람들이 생각하는 성장 곡선 vs 실제로 이뤄지는 성장 곡선

많은 사람이 완만한 곡선으로 성장한다고 착각한다. 그러나 실제로는 계단처럼 한 단 한 단 올라가는 구조에 가깝다. 무협지에서도 한 단계 올라갈 때마다 새로운 깨달음을 얻고, 다음 단계로 진화하지 않는가? 삶도 그와 비슷하다.

세상이 완전히 공평하다고는 생각하지 않지만, 어느 정도 노력에 따른 결과는 따라오는 듯하다. 이런 과정을 겪으며 성장한 사람과 그렇지 않은 사람의 결과가 비슷하다면, 그보다 억울한 인생도 없을 것이다. 그런 의미에서 밀도가 진할수록 내 가치는 올라간다는 사실을 명심해야 한다.

목표가 다른 친구들과 계속 어울리면, 절대 이 밀도를 높일 수 없다. 그들은 끊임없이 유혹하고, 합리화하며, 당신이 밀도를 올리지 못하게 만든다. 그 사람이 당신을 싫어해서 그러는 게 아니라, 인간 본성 때문이다. 나는 가만히 있는데, 내 옆에 있는 누군가가 인생을 바꾸려는 모습이 보이면 불안해지는 것이다. 그렇게 되면 자신의 인생이 부정당할 수도 있다는 두려움이 생기기에, 본능적으로 방해하는 것이다.

밀도를 올리는 가장 좋은 방법은 임계점 자체를 높이는 것이다. 이해를 돕기 위해 시간을 예로 들어보자. 9시부터 6시까지 일하는 직장인들과만 어울린다면, 자연스럽게 그 기준이 나의 비교 대상이 되고, 거기서 2~3시간 더 노력하면 상대적으로 밀도 높은 삶을 사는 것처럼 느껴질 수 있다. 그런데 애초에 비교대상군 자체가 잘못되었다.

만약 내 비교 대상이 나보다 수입이 많고, 더 열심히 일하는 사람들로 바뀐다면, 내 임계점은 자연스럽게 기하급수적으로 올라가게 된다. 주 7일, 하루 14시간씩 일하는 사람들이 내 주변에 있다면, 그 자체만으로도 기준이 달라질 수밖에 없다.

나도 최근 인간관계를 바꾸기 시작했는데, 바꾸기 전과 후를 비교해 보면, 내 임계점이 한 단계 더 올라갔음을 피부로 느낀다. 나의 임계점을 높인다는 것은 곧 더 큰 스트레스와 실패, 압박 속에서도 무너지지 않고 버틸 수 있는 내공을 갖추는 일이라고 볼 수 있다. 그리고 내 주변을 임계점이 높은 사람들로 채우면, 내가 겪는 일이 사실은 아무것도 아니라는 생각이 들고, '이들은 이미 이런 과정을 다 지나왔구나.'라는 확신과 함께 용기가 차오르기 시작한다. 그러다 보면 정말 큰일처럼 느껴졌던 일도, 어느 순간 별것 아닌 일로 바뀌게 된다.

부자들의 사고방식 즉, 마인드셋을 배워가는 것도 내 임계점을 높이는 하나의 방법이다. 인간은 결국 환경의 동물이다. 항상 나보다 부족하거나 비슷한 사람, 편한 사람들과 어울리면, 임계점을 절대 끌어올릴 수 없다. 대신, 나보다 더 큰 성취를 이룬 사람들과 함께하게 되면, 어느 순간 나도 모르게 임계점이 올라가 있고, 이 높아진 임계점을 바탕으로 내 삶의 밀도는 기하급수적으로 높아질 수 있다.

이렇듯 임계점은 타고나는 것이 아니라, 만들어지는 것이다. 버티는 힘은 우연이 아니라 훈련이다. 삶이 나를 흔들수록, 나는 더 강해진다. 결국, 삶의 밀도와 임계점이 높은 사람이 인생의 판을 바꾼다. 이런 내 생각을 잘 나타낸 구절이 맹자의 《고자장》에 있어 가져와 본다.

"하늘이 장차 어떤 사람에게 큰일을 맡기려 할 때는

반드시 먼저 그의 마음을 괴롭게 하고,

그의 배를 굶주리며 뼈마디가 꺾이는 고통을 주고,

그가 하는 모든 일을 흔들며 어지럽게 한다.

이는 그의 마음을 단단하게 하고, 인내를 기르게 하여

그가 지금까지 할 수 없었던 일을 앞으로

능히 해낼 수 있게 하기 위함이다.

인생에 큰 고난이 찾아왔거든

혹시 내가 하늘의 선택을 받은 자가 아닌지 돌아봐라.

칼날은 수천 번 두들겨져야 강철이 되고,

나무는 거센 바람을 견뎌야만 깊이 뿌리 내린다.

이 순간이 고통스럽더라도

그것이 곧 내 힘이 될 것임을 믿어야 한다.

그러니 시련이 찾아왔을 때마다 기억하라.

이 시련은 나를 무너뜨리기 위한 것이 아닌

내가 더 큰 존재가 되기 위해

누구도 꺾지 못할 단단함이 자라는 과정이니

하늘의 깊은 뜻이다.”

인간관계는 옷장 정리 기술과도 같다

인간관계는 참 묘하다. 어렸을 때는 친구가 10명만 모여도 세상을
다 가진 것 같았다. 학교 끝나고 동네에서 함께 뛰놀던 친구들, 밤새
수다 떨던 기억들. 하지만 시간이 지나면서 그 10명은 점점 줄어든

다. 바쁜 일상, 각자의 길, 그리고 자연스레 멀어지는 시간 속에서 결국 1~2명만 남는다. 그러다 사회에 나와 새롭게 만난 누군가와 오히려 더 깊은 관계가 되기도 한다. 이 모든 게 자연스럽다. 인간관계는 고정된 게 아니라, 마치 옷처럼 변한다. 유행 따라 반짝이는 보세 옷이 있는가 하면, 세월이 지나도 빛나는 클래식한 명품 옷도 있다.

나는 인간관계를 옷에 비유하고 싶다. 세상에는 유행을 타는 보세 옷, 한철 입고 버려지는 옷이 있다. 반짝 빛나지만 금세 해지거나 유행이 지나 입지 않게 되는 옷들. 브랜드 옷은 조금 더 튼튼하고, 몇 시즌은 버틴다. 심지어 계절에 따라 입는 옷도 달라진다. 하지만 진짜 특별한 건 클래식한 명품 옷, 이를테면 수백, 수천만 원을 주고 산 클래식한 수트다. 이런 옷은 유행과 상관없이, 드라이클리닝을 맡기고 세심히 관리하면 5년, 10년, 심지어 20년이 지나도 꺼내 입을 수 있다. 언제 입어도 품격이 있고, 시간이 지날수록 더 깊은 멋을 낸다. 하지만 명품 수트도 내가 살찌거나 관리를 소홀히 하면 더 이상 맞지 않게 된다. 인간관계도 이와 같다. 어떤 관계는 한철 반짝이고, 어떤 관계는 몇 년 정도 함께하지만, 진짜 소중한 관계는 세월이 흘러도 빛을 잃지 않는 명품 같은 존재다. 그리고 그 관계를 빛나게 하려면 나 자신도 관리해야 한다. 내 몸과 마음, 목표와 방향성을 가꾸며 관계에 어울리는 사람이 되어야 한다는 것이다.

그렇다고 모든 관계를 명품처럼 만들 필요는 없다. 때로는 유행성 보세 옷 같은 관계도 괜찮다. 한 시즌 반짝이며 즐거움을 주고, 그 순간의 필요를 채워주는 관계. 문제는 우리가 모든 관계를 명품이어야 한다고 착각하거나, 유행성 관계에 지나치게 목을 매는 것이다. 인간관계는 내 삶의 계절과 상황에 따라 유연하게 변해야 한다. 오래된 관계라 해도 내 방향성과 맞지 않는다면 억지로 붙잡을 필요는 없다. 유행성 관계든 명품 관계든, 중요한 건 지금의 나에게 맞는 옷을 입는 거다.

관계의 옷장, 어떻게 정리할 것인가

문제는, 우리는 종종 옷장을 잘못 정리한다. 유행 따라 산 싸구려 보세 옷에 집착하거나, 한 번 입고 잊어버린 옷을 쌓아두고, 정작 소중한 명품 옷을 방치한다. 또는 모든 옷을 명품처럼 관리하려다 에너지를 낭비한다. 인간관계도 마찬가지다. 스쳐 지나가는 유행성 관계에 너무 많은 에너지를 쏟거나, 진짜 소중한 관계를 관리하지 않고 먼지만 쌓이게 둔다. 그리고 나 자신을 관리하지 않으면, 아무리 멋진 명품 관계라도 결국은 그들과 어울릴 수 없게 된다. 그렇다면 어떻게 해야 내 옷장을 가볍고 의미 있게 정리할 수 있을까?

1. 옷을 고르듯 관계를 선별하라

옷을 살 때, 때로는 옷을 신중히 고른다. 이 옷이 내 스타일에 맞는지, 오래 입을 수 있는지 고민하며 고른다. 하지만 항상 그렇게 신중한 건 아니다. 세일한다고 충동적으로 사거나, 가격이 싸서 덜컥 장바구니에 담을 때도 있다. 그렇게 산 옷은 한두 번 입고 옷장 구석에 쌓이곤 한다. 인간관계도 크게 다르지 않다. 모든 사람과 깊은 관계를 맺을 필요는 없다. 시간과 에너지는 한정적이다. 그러니 당신에게 진짜 의미 있는 사람, 함께 성장할 수 있는 사람, 서로에게 가치를 줄 수 있는 사람을 신중히 선택하라. 하지만 가끔은 유행성 보세 옷처럼 가벼운 관계도 괜찮다. 충동적으로 맺어진 관계, 그 순간의 즐거움을 주고받는 관계도 삶의 일부다.

예를 들어, 나는 각종 모임과 강연장에서, 유튜브 컨설팅을 하거나 또는 우연한 소개로 수많은 사람을 만났다. 어떤 이는 업계 모임에서 화려한 말로 접근해 잠깐 반짝이는 보세 옷 같은 관계로 끝났다. 강연장에서 만난 누군가는 그 순간의 열정으로 대화했지만, 시간이 지나며 자연스레 연락이 끊겼다. 유튜브 컨설팅을 통해 만난 사람 중에는 한철 프로젝트를 함께하며 즐거웠던 이들도 있었지만, 그 관계는 한 시즌으로 끝났다. 하지만 우연한 소개로 만난 한 사람은 달랐다. 그는 내가 콘텐츠 방향으로 고민할 때 진심 어린 피드백을 줬고, 나도 그에게 내가 아는 마케팅 노하우를 공유했다. 우리는 서로의 성장을 응원하며, 10년이 지나도 연락할 수 있는 관계가 되어가고 있다. 이런 관계는 유행과 상관없이 언제나 꺼내 입을 수 있는 클래식한 명품 옷과 같다. 하지만 이 관계가 빛나려면 나도 그에 맞는 사람이 되어야 한다. 내 목표를 명확히 하고, 내 전문성을 가꾸며, 상대에게 진심으로 다가가는 나로 발전해 나가야 한다.

2. 내 계절을 이해하고, 맞지 않는 옷은 과감히 정리하라

옷장을 정리할 때 우리는 망설인다. '이 옷, 언젠가 다시 입을지도 몰라.' 하지만 3년 동안 안 입은 옷은 앞으로도 입을 가능성이 낮다. 인간관계도 그렇다. 10년, 20년 된 관계라 해도, 그게 지금의 내 방향성과 맞지 않는다면 미련 없이 정리해도 괜찮다. 에너지를 낭비하며 억지로 붙잡는 건, 이미 유행이 지난 철 지난 보세, 브랜드, 명품 옷을 억지로 입는 것과 같다.

예를 들어, 나는 예전에 동호회에서 만난 사람들과 자주 어울렸다. 그때는 그 모임이 즐거웠다. 하지만 사업을 하면서 시간이 부족해지자, 그 관계들이 점점 부담으로 다가왔다. 만나면 술만 먹고, 의미 없는 대화만 오갔다. 내 꿈과는 점점 멀어지는 시간이었다. 이와 비슷하게 오래된 친구지만 돈 빌려달라는 소리만 하는 친구, 필요할 때만 연락하는 친구, 나를 이용하려는 관계들. 매번 만날 때마다 내 에너지만 낭비됐다. 어떤 이는 내가 새로운 시도를 할 때마다 비판하거나, 과거에 머물러 있었다. 그래서 과감히 그 관계들을 정리했다. 처음엔 미안했지만, 결국 그 관계들이 내 *성장*을 가로막는다는 걸 깨달았다. 대신, 업계에서 열정을 공유하는 사람들과 새롭게 연결됐다. 그들은 내게 새로운 아이디어를 주고, 내가 나아가려는 방향에 힘을 보탰다. 이건 옷장 속 낡은 보세 옷을 버리고, 지금의 나에게 맞는 클래식한 명품 옷을 추가한 셈이다.

3. 드라이클리닝처럼 나 자신도 관리하라

명품 옷은 세심한 관리가 필요하다. 얼룩이 묻으면 바로 드라이클리닝을 맡기고, 곰팡이가 생기지 않도록 잘 보관한다. 하지만 아무리 명품이라도 내가 살찌거나 옷을 방치하면 더 이상 맞지 않게 된다. 인간관계도 똑같다. 소중한 관계는 정기적으로 관리해야 한다. 연락한 통, 커피 한 잔, 진심 어린 대화 한 번이 관계를 빛나게 유지한다. 동시에 나 자신도 관리해야 한다. 내 목표, 건강, 마음을 가꾸며 그 관계에 어울리는 사람이 되어야 한다. 유행성 관계는 굳이 그렇게까지 관리할 필요 없다. 그 순간을 함께 즐겼다면, 그걸로 충분하다.

내 경우, 학창 시절 친구 두세 명과 지금도 매년 한 번은 꼭 만난다. 바쁜 와중에도 안부 인사를 보내고, 큰일이 있을 때 전화로 근황을 나눈다. 그 친구들은 이제 다른 도시에서 가정을 꾸렸지만, 우리가 나누는 대화는 여전히 따뜻하고 진실하며 그들과는 언제 만나도 편하다. 하지만 이 관계가 유지되는 데는 나의 노력도 있었다. 내가 만약 부정적인 태도로 변했다면, 이 명품 관계도 어색해졌을 거다. 나 자신을 관리한 덕에 이 관계도 빛을 발했다.

4. 서로에게 맞는 옷을 입혀라

좋은 관계는 서로에게 잘 맞는 옷을 입히는 것과 같다. 상대방이 원하는 걸 이해하고, 내가 줄 수 있는 가치를 제공하는 것. 일방적으로

"이 옷이 좋아!"라고 강요하면 관계는 어색해진다. 대신, 상대의 스타일과 필요를 고려해 서로에게 맞는 가치를 주고받아야 한다. 이 과정에서도 나 자신을 관리해야 한다. 내가 줄 수 있는 가치를 키우고, 상대에게 어울리는 사람이 되어야 한다.

최근 나는 한 자리에서 만난 친구들과 의기투합했다. 분야도 같고, 서로의 경험을 공유하며 예상치 못한 시너지를 냈다. 서로가 나눌 수 있는 정보들도 너무 많았다, 내가 줄 수 있는 게 무엇인지를 고민하였고, 서로가 나처럼 그런 생각들을 했다.

이 관계는 내 옷장에 새로 추가된, 나와 잘 맞는 클래식한 옷이었다. 이 관계가 클래식한 명품 옷 같은 관계가 되기를 소망하지만, 서로의 상황과 환경이 달라진다면 언제고 바뀔 수 있다는 사실은 인지하고 있어야 한다.

5. 유행을 쫓지 말고, 유연하게 받아들여라

유행을 좇는 관계는 금세 빛을 잃는다. 소셜 미디어에서 화려한 사람들, 순간의 스포트라이트를 받는 이들과의 관계는 보세 옷처럼 반짝일 뿐이다. 하지만 그런 관계도 나쁜 건 아니다. 그 순간의 재미와 가벼운 교류를 즐기면 된다. 다만, 거기에 지나치게 목매지 말아야 한다. 대신 클래식한 관계, 시간이 지나도 변하지 않는 가치, 신뢰, 진심이 깃든 관계를 소중히 하되, 내 삶의 계절에 따라 유연하게 정리하고 새롭게 받아들여라.

명품 관계가 만드는 힘

명품 같은 관계는 단순히 개인적인 위안을 주는 데 그치지 않는다. 그 관계들은 당신을 더 큰 무대로 이끌어준다. 비유하자면, 잘 관리된 클래식한 명품 수트는 중요한 자리에서 당신을 돋보이게 한다. 하지만 그 옷이 빛나려면 당신도 그에 맞는 사람이 되어야 한다. 좋은 관계는 당신의 실력을 세상에 꺼내주고, 기회의 문을 열어준다.

지금 당신의 인간관계 옷장을 열어보라. 어떤 옷이 쌓여 있는가? 반짝이는 보세 옷이 대부분인가, 아니면 세월이 지나도 빛나는 명품이 있는가? 유행성 관계도 괜찮다. 그 순간을 즐기고, 가볍게 정리하면 된다. 하지만 소중한 명품 관계를 방치하고 있다면, 지금이 드라이클리닝을 맡길 시간이다. 연락 한 통, 진심 어린 메시지 하나로 시작할 수 있다. 그리고 그 관계에 어울리는 나로 성장하라. 내 몸과 마음, 목표를 관리하며, 그 명품 옷에 맞는 사람이 되는 거다. 당신의 옷장에 클래식한 명품을 채워 넣되, 유행성 옷도 가볍게 즐기는 유연함. 그게 바로 인간관계의 진짜 힘이다.

생각만으로는
아무것도 바뀌지 않는다

여기까지 꽤 많은 내용을 다루었다. 이를 자기 것으로 만들기 위해 애쓴 당신에게 응원의 박수를 보낸다. 물론, 가게 운영하는 방법, 매출 늘리는 비결, 효과적인 마케팅 기법 등 이미 다양한 정보를 누구보다 더 많이 보고, 듣고, 익혔으리라 예상한다. 세상에는 지금도 감당하기 어려울 만큼 많은 아이디어가 공유되고 있으니까.

그런데도 왜 문제가 해결되지 않는 걸까? 바로 실행을 하지 않았기 때문이다. 내가 컨설팅을 진행하면서 만난 안 되는 사람의 이유도 오직 하나였다. 방법을 몰라서도, 시간이 부족해서도 아니었고, 단지 행동으로 옮기지 않아서였다. 시도를 하더라도 꾸준하지 않았다.

그렇다. 무언가를 시작하는 것도 쉽지 않은 일이지만, 그것을 지속해 나가기는 더 어려운 일이다. 그러하기에 완벽하지 않더라도 먼저 움직이는 사람이 무언가를 얻게 된다. 하지만 많은 사람이 아직 준비가 덜 되었다는 핑계를 대며 머뭇거린다.

한편, 성공한 사업가들과 대화를 하다 보면, 놀라운 공통점이 있다. 예를 들어, 점심식사 후 커피 한잔하며 가볍게 사업 관련 이야기를 했는데, 그날 저녁에 그에 대한 내용을 세세히 물어본다. 일을 잘하는 사람들에게서도 비슷한 모습을 발견하게 된다. 무언가 할 일이 생기거나, 해야 할 일이 생겼을 때 절대 미루지 않는다. 바로 실행하고, 적어도 빠른 피드백을 하며, 시행착오를 겪으면서 보완해 나간다. 다시 말해, 이들이 잘나서 성공하는 게 아니다. 실제로 그 과정을 들어보면, 생각보다 단순하고, 그다지 똑똑하다는 느낌을 받지도 않는다. 다만, 무언가에 집중해서 곧장 실천한다.

본문에서도 밝혔듯이 나는 '린 스타트업Lean Startup' 스타일을 좋아한다. 작게 시작해서, 빠르게 테스트하고, 고객의 반응을 바탕으로 수정하며, 성장하는 방식이다. 지금의 나를 있게 해준 것도 사업에 이 형태를 적용한 덕분이라고 확신한다.

몇몇 사례가 있지만, 그중 하나를 꼽자면, 배달 장사를 하면서 삼겹살 브랜드를 런칭했었다. 이때 들어간 비용은 중고로 구매한 약 30만 원짜리 업소용 불판이 전부였다. 이는 곧, 프라이팬 하나로도 유사한 브랜드를 만들 수도 있다는 얘기다.

이 밖에도 시장에는 벤치마킹할 수 있는 여러 모델이 있다. 이를 참고해 나만의 스타일로 재해석해 배달 플랫폼에 올려보길 권한다. 만일 반응이 좋다면, 부족한 부분을 보완해 완성해 나가면 된다. 그게 당신의 새로운 브랜드가 된다.

내가 잘하는 것 중 하나가 바로 실행하고, 괜찮다는 판단이 들면, 묵묵하게 꾸준히 해나간다는 점이다. 그러나 항상 새로운 무언가에 도전하기 전에 주변에 물어보면, "그게 될까?", "힘들지 않을까?"라고 하거나 혹은 무관심뿐이다. 이는 본인이 하지 못하는 것을 누군가가 하려고 할 때 막고자 하는 인간의 본능이다. 그래야만 본인의 수준에서 같이 머무를 수 있기 때문이다.

부디 비슷한 수준의 주변 사람에게는 절대로 물어보지 마라. 나 자신을 믿는 게 가장 중요하다. 그리고 조용히 꾸준하게 실행해 나가라. 그러다 보면 익숙해지고, 하나씩 이루어가는 자기 모습을 마주하게 될 것이다. 나는 새로운 브랜드를 만들 때도, 유튜브를 시작할 때도, 이 책을 쓸 때도 그랬다. 앞으로 내 상황이 어떻게 바뀌게 될지 누구도 알 수 없기에, 그저 나만 믿으며, 멈추지 않고, 꿋꿋이 내 할 일을 했을 뿐이다.

상상해 봐라. 시간이 흘러 인생을 돌아볼 때, "해 보기라도 할 걸."

하면서 후회하기보다 "세상에! 내가 그런 일도 했다니." 혹은 "나 이 정도까지 해봤어."라고 말하는 쪽이 훨씬 낫지 않은가?

당연히 모든 결과가 긍정적일 수는 없다. 그래도 실패는 성장의 연료가 되어준다. 싫은 소리를 듣더라도 움직인 사람이 결국 앞서가게 되니 명심하자. 실행하지 않으면, 아니 무언가를 꾸준히 이어가지 않으면, 아무것도 바뀌지 않는다.

그렇다고 거창한 계획을 세우라는 건 아니다. 첫 번째 도전은 실패할 수 있고, 두 번째 시도는 엉성할 수 있다. 하지만 다섯 번째, 열 번째에는 분명 남들과 다른 성과가 나온다. 또 이렇게 끊임없이 두드리면 반드시 문이 열린다. 그러니 지금 이 순간부터 사소하더라도 천천히, 하나씩 실행해 보길 바란다. 내 경험상 모든 기회는 실행에서 파생되었다. 설령, 잘못된 길일지라도 하나라도 얻는 게 있었다.

끝으로 이 말을 외치며, 긴 글을 마무리한다. "생각은 누구나 한다. 하지만 결과는 '실행한 사람'만 가진다."

**저는 2천만 원으로 시작해 5년 만에
85개의 프랜차이즈를 운영하는
92년생입니다**

ⓒ깡대표

초판 1쇄 인쇄 2025년 7월 30일

지은이 깡대표
편집인 윤수빈
디자인 김지혜
마케팅 정호윤, 김민지
펴낸곳 모티브
이메일 motive@billionairecorp.com

ISBN 979-11-94600-51-0 (03320)